La última parada
Teatro

José Díaz

La última parada
Teatro

José Díaz

José Díaz
La última parada

ISBN: 978-1-7379109-6-1
Registro legal

Diciembre 2025
© José Díaz

Correo electrónico de José Díaz:
panoramalatin@hotmail.com
danilza@ptd.net
YouTube - José Díaz.Escritor
josediazescritor.blogspot.com

Para Danilza Velázquez, mi esposa y compañera. Para Amparo Cordero, Ana María Hamilton, Chiqui Morales, Einis Dávila, Mildred Canelo, Ogilda Bueno, Sandra Vargas y Sonia Hernández, las colegas del grupo que hicieron posible la realización de este proyecto. Para ellas un gran abrazo y mi estima infinita. Gracias a Cruz Rodríguez por su apoyo con los tambores.

Gracias también a Christopher Shorr del Touchstone Theater en Bethlehem, a Marlyn Barbosa del Centro TEC en Lancaster, a Violet Emory del Centro TEC en Reading, a Siria Rivera y José Hiraldo del Providence Center en Filadelfia, por el apoyo que nos han brindado.

Contenido

Personajes en orden de aparición:

Sacrificio (Asistente de Jacoba - > 40 años)
Malabares (Asistente de Jacoba - < 40 años)
Intelecto (Fetichista - > 30 años)
Otoño (Mujer venida a menos - >70 años)
Curda (Alcohólica - > 40 años)
Cacalota (Obsesiva - > 40 años)
Maroma (Jugadora empedernida - < 40 años)
Jacoba (Consejera - > 70 años)

Las edades de las actrices son aproximadas, el director puede cambiarlas a su discreción. La pieza se desarrolla en el consultorio de Jacoba, una consejera-curandera al que acuden hombres y mujeres de diferentes estratos, profesiones y condiciones en busca de resolver sus problemas o de un consejo que les ayude a solucionar los mismos. Sobre la mesa-escritorio de Jacoba hay velas, incienso, un reloj de arena, una calavera, flores y otros objetos propios del consultorio. Se percibe el sonido lejano de una campana y de un instrumento para ayudar a la meditación. Sacrificio, la encargada de mantener el consultorio limpio y en orden está a oscuras encendiendo las velas y el incenso. Disminuyen los sonidos y sube la luz. Sacrificio ahora está barriendo y organizando el dispensario. Los personajes se moverán libremente para enfatizar sus apariciones y diálogos.

SACRIFICIO: Una jornada más antes de abrir las puertas para que primero entre la señorita Malabares y después el chorro de viejas *(otro tono)* vamos a decir: desequilibradas que vienen por ayuda y que se marchan *(pausa y otro tono)* casi siempre felices, después de dejar aquí lo que les queda *(pausa y otro tono)* hablo de fuerza, rigor, vergüenza y dinero. El mismo que reparten Malabares y la vieja.

Sacrificio coloca la escoba en un rincón y continúa organizando el escritorio. Malabares entra rápido y agitada.

MALABARES: Buenos días Sacrificio.

SACRIFICIO: Buen día Malabares.

MALABARES: Veo que ya están las señoras de hoy esperando.

SACRIFICIO: Las clientas. Sí, las clientas están esperando. Les ofrecí café y té.

MALABARES: ¿Conversaste con alguna?

SACRIFICIO: No directamente, pero escuché a una que hay ahí con un pajón que como que quería tirársele a un tren o algo parecido.

MALABARES: Wow. ¿Y la que está con el casco?

SACRIFICIO: Jugadora empedernida.

MALABARES: ¿Algo más?

SACRIFICIO: Hay una con una cobija y unas revistas.

MALABARES: ¿Dijo algo?

SACRIFICIO: Por lo que se ve diría que es depre.

MALABARES: Vi a otra ademas de la Curda que nunca falla.

SACRIFICIO: De esa no escuché nada, pero no te preocupes que aquí, (pausa) ya lo sabes, (pausa) lo cuentan todo.

MALABARES: También es cierto.

SACRIFICIO: ¿Quieres que las haga entrar?

MALABARES: Sí. Mientras preparo la libreta para los apuntes de siempre. Ahí las entretenemos hasta que llegue Jacoba.

SACRIFICIO: Voy.

MALABARES: Listo.

(Sacrificio sale y en unos segundos regresa con las cinco pacientes que entran y se sientan en el orden que ingresan: Intelecto, Otoño, Curda, Cacalota y Maroma. Malabares las recibe con mucha cortesía mientras les ofrece el asiento que ocupan. Las clientas siguen conversando entre ellas. Sacrificio se sienta en el escritorio de Jacoba)

INTELECTO: ¿Ya está aquí Doña Jacoba?

MALABARES: Llámala simplemente Jacoba, ella es una mujer muy humilde, muy sabia, pero muy humilde.

OTOÑO: *(Enfática)* En la simpleza está la grandeza.

CURDA: *(Se nota que ha ingerido alcohol)* El buen vino viene en botella sencilla.

CACALOTA: Tu haz venido antes ¿Eh Curda?

CURDA: Sí, pero sigo bebiendo. No sé ni qué me pasa.

CACALOTA: Tienes que poner de tu parte.

CURDA: Todos y todas dicen lo mismo.

INTELECTO: Ahora el español es más largo. Antes era tan simple decir: todos. Eso, por si no lo saben, quería decir que todos eran todos. Hoy en día, no se a quién se le ocurrió. Todos, todas y todes.

MAROMA: Cada uno quiere figurar, cada uno busca su momento de brillo.

MALABARES: Ayer fue mi cumpleaños.

TODAS LAS CLIENTAS: *Happy birthday to you, happy birthday to you, happy birthday Malabares, happy birthday to you. (Se escuchan las notas de la canción mientras cantan)*
MALABARES: *(Interrumpiendo)* Bueno bien, siempre se cumplen años.

MAROMA: *(Levanta la mano)* Yo cumplo el 21 de octubre, soy libra y tengo astrólogo propio.

TODAS LAS CLIENTAS, MENOS MAROMA: Wow. ¿Y eso cómo trabaja?

MAROMA: *(Coqueta)* Tengo mi secreto.

CURDA: Yo no tengo mago pero cumplo. Soy pisciana y bebo mucho. *(Pausa)* 14 de febrero y me bebo lo que aparezca.

TODAS MENOS CURDA: ¿14 de febrero?

CURDA: Sí, 14 de febrero.

MALABARES: Entonces eres Acuario. Que vivan el amor y la amistad.

CURDA: Yo los celebro siempre *(Pausa. Levanta el puño derecho)* Salud.

TODAS MENOS CURDA: Salud.

CURDA: Que vivan el amor la amistad. Aunque amores no hay y amigos pocos.

Sacrificio está tomando apuntes sentada en el escritorio de Jacoba.

INTELECTO: Yo soy virgo, y como mi signo lo indica soy inmaculada *(Pausa y mirándose las uñas)* 1 de septiembre.

MALABARES: Planta la flor de Aster y serás una estrella.

INTELECTO: ¿Y hay expectativas?

MALABARES: Es lo que dice Jacoba.

MAROMA: ¿Y lo de inmaculada?

INTELECTO: Estoy dispuesta aprobarlo.

OTOÑO: *(A Intelecto)* Entonces tu ¿nada de nada?

INTELECTO: No soy fanática.

TODAS LAS CLIENTAS: Ah bueno.

CACALOTA: Cualquiera tiene un desliz.

MAROMA: O un gusto.

CURDA: A cualquiera se le muere un tío. *(A Malabares)* ¿Puedo tomarme un trago?

Malabares mira a Sacrificio.

SACRIFICIO: Jacoba no le dice nada. La cuestión aquí es libertad, entendimiento y motivación.

MALABARES: Así es.

CURDA: *(Saca una petaca de su cartera y se toma*

un trago).

OTOÑO: Quisiera haber nacido en otra época.

MALABARES: ¿Cómo cuál? *(Mira a Sacrificio y le hace señales de que tome notas).*

OTOÑO: Una época en que el tiempo no pasara y en el que las cosas no se acabaran.

CURDA: Salud, por eso.

MALABARES: El tiempo es implacable.

OTOÑO: Su paso acaba con uno y con todo.

CACALOTA: Finalmente acabará con todas.

TODAS: No lo duden.

INTELECTO: ¿Puedo confiarles algo?

MALABARES: Estamos en confianza.

INTELECTO: Les mentí.

MAROMA: ¿Cómo así?

INTELECTO: No soy virgen.

TODAS LAS CLIENTAS: *(Como cuando hay desengaño y sorpresa)* Ah...!

MALABARES: Puedes comenzar tu sanación. *(Mira a Sacrificio y le indica que tome notas)*

INTELECTO: He tenido un par de amores.

CURDA: Un par no es mucho, mejor dicho, con los números que circulan hoy en día, no es nada.

MAROMA: No me hablen de números que me enfermo.

MALABARES: *(A Maroma)* Ya llegaremos a ti. Abunda en tu asunto Intelecto.

INTELECTO: Realmente no puedo ver un par de zapatos de hombre porque me pongo mal.

CURDA: ¿Mal?

INTELECTO: Re mal.

CURDA: La cosa es seria.

INTELECTO: Por eso he venido. Para saciar mi apetito.

OTOÑO: ¿Sexual?

MAROMA: ¿Cuál más?

MALABARES: *(Mira a Sacrificio y le hace señales de que tome notas)*.

CACALOTA: ¿Y es con toda clase de zapatos?

INTELECTO: Con toda clase, claro que las sandalias que dejan ver los dedos de los pies me enferman un poco más.

CURDA: Tu caso no es grave mija, es gravísimo.

INTELECTO: Por eso estoy aquí. ¿Creen que la señora Jacoba podrá ayudarme?

SACRIFICO: La he visto arreglando mucho asunto pero esa tranca está pesada.

TODAS LAS CLIENTAS: Muy pesada.

CACALOTA: ¿Y qué más? ¿Qué es exactamente lo que te pasa?

INTELECTO: Es como una obsesión.

CACALOTA: No me hables de obsesiones.

INTELECTO: Veo un par de zapatos, y si me caen bien me enamoro del sujeto.

MAROMA: Si te caen bien o si te gustan ¿Cómo es la cosa?

INTELECTO: Sí, si me gustan. *(Pausa)* Pero si veo los pies y me entusiasman, peor, me derrito. Conociéndome le huyo a las sandalias. A veces quedo como una tigresa enjaulada.

OTOÑO: ¿Has ido a Arabia?

INTELECTO: No. ¿Por qué?

OTOÑO: Allá los hombres usan sandalias.

INTELECTO: *(Coqueta)* Huy, me enloquecería.

MALABARES: Parece que es un caso de fetichismo.

OTOÑO: En mis tiempos ni se hablaba de eso, ni había cura, ni pensarlo. Solo el cura podía ayudarte y a veces el remedio resultaba más caro que la enfermedad *(Pausa)* Ya hemos escuchado suficientes historias de curas.

CURDA: Más caro el caldo que los huevos, decía mi madre.

CACALOTA: Más caro.

CURDA: Sabrán ustedes amigas que es más común de lo que parece.

OTOÑO: ¿Cómo?

CURDA: No se olvide que yo ando la calle, que soy amiga de la noche. Que en una cantina es mucho lo que se bebe y se aprende.

MAROMA: Bueno al grano. ¿Esa vaina se cura?

CURDA: Aparta de mi esa copa.

MAROMA: ¿Se cura o no se cura?

CACALOTA: La muerte lo cura todo.

MAROMA: Sin exagerar.

SACRIFICIO: Jacoba lo dirá.

MALABARES: Mientras tanto, no olvides Intelecto que la cerveza es buena para muchas cosas. Combate ciertamente el desamor y la frustración amorosa.

INTELECTO: *(Interrumpiendo)* Lo mio no es ni lo uno

ni lo otro, lo mio es exceso de entusiasmo.

MALABARES: ¿No has tenido desengaños?

INTELECTO: Si, claro, como todo el mundo.

MALABARES: ¿Alguno que recuerdes en especial?

INTELECTO: Uno que ahora mismo me parte el alma.

MALABARES: *(Mira a Sacrificio y le hace señales de que tome notas).* ¿Y?

INTELECTO: Un huele braguetas que no ha dado la talla.

MALABARES: Ya le dirás más a Jacoba.

OTOÑO: Quisiera estar tan comprometida como Intelecto, pero lo mío aunque parece más simple que todo tiene una seriedad urgente.

MAROMA: Vaya al punto, querida.

OTOÑO: Han pasado los años y veo que todo va en caída libre.

INTELECTO: 9,8 metros por segundo al cuadrado, *(Pausa)* esa es la caída.

OTOÑO: ¿La caída?

INTELECTO: Sí, la fuerza de la gravedad, *(Pausa, explicativa)* la que nos hala hacia el centro de la tierra.

OTOÑO: La que sea, voy sin paracaídas. Lo he perdido casi todo y la salud va de mal en peor.

SACRIFICIO: Jacoba tiene formulas que trabajan.

MALABARES: Eso sí es verdad.

OTOÑO: Ustedes ¿las saben?

MALABARES: Cada caso tiene su propio tratamiento.

SACRIFICIO. *(Didáctica)* Jacoba es la que sabe.

OTOÑO: ¿Han visto algo como lo mío?

MALABARES: Cada caso es diferente.

SACRIFICIO: Jacoba es la que sabe.

MALABARES: Ella no demora.

SACRIFICIO: Lo que si debe tener claro es que el elixir de la vida no existe.

MALABARES: Más prudencia Sacrificio.

SACRIFICIO: ¿Más prudencia?

MALABARES: Sí, más prudencia.

SACRIFICIO: Se lo he oído a la propia Jacoba.

OTOÑO: Lo que necesito es una consejería eficaz para terminar en buena forma.

MALABARES: En paz, querrás decir.

OTOÑO: En paz y en buena salud.

MALABARES: La paz casi casi se puede lograr, la salud es un acertijo.

OTOÑO: Me recomendaron a Jacoba como la mejor.

MALABARES: Ella no es ni maga, ni adivina. Consejera.

OTOÑO: Pero que sabía mucho y de todo.

MALABARES: Eso es una cosa.

SACRIFICIO: Ella es buena *(Pausa, otro tono. Hablando para sí y para el público)* Aunque lo que aquí se gana, con mi ayuda, porque es con mi ayuda, lo reparten entre Malabares y la vieja

CURDA: No se olviden que son tus propios dientes los que te muerden la lengua.

MAROMA: ¿Quién lo dice?

CURDA: Fat pussy.

MAROMA: ¿Fat pussy?

CURDA: Fat pussy.

CACALOTA: Fat ¿What?

CURDA: Fat pussy. Una puta que frecuenta la cantina donde voy.

OTOÑO: Lo que quiero es encontrar un camino claro y sin penurias.

CURDA: Que tus dientes no te muerdan la lengua.

OTOÑO: No espero ni aspiro a recuperar lo perdido, pero no quiero desmejorar.

MALABARES: No desmejorarás.

SACRIFICIO: Escucharás a Jacoba.

MALABARES: Te irás tranquila.

MAROMA: Espero que así sea, que sea para el bien de todas.

CACALOTA: Lo mío es especial.

SACRIFICIO: Aquí todavía no ha entrado una cuyo caso no sea especial.

MALABARES: (A Cacalota) Qué es lo que te ocurre querida.

CACALOTA: Soy obsesiva y compulsiva con lo que no ha ocurrido.

MALABARES: No te entiendo.

CACALOTA: Yo soy una que voy caminando por un puente, hasta ahí todo normal. Llego a casa y comienzo a pensar en todas las posibilidades negativas que pudieron pasar mientras crucé el puente.

CURDA: Te pasa entonces lo de una que conozco que vive resbalándose en cascaras de banano que no ha visto.

CACALOTA: Tu amiga se resbala y ¿qué más?

CURDA: Nada más, se resbala y ya.

CACALOTA: Bueno, yo no. Yo me resbalo y cayendo me golpeo con la baranda de algo y me doy en el cráneo y de ahí al hospital y posiblemente a un estado de coma.

INTELECTO: Ah no, pero tu eres caótica.

CACALOTA: Caótica es poco. *(A Malabares)* ¿Estoy hablando demás?

MALABARES: Aquí nunca se habla de más. (Mira a Sacrificio y le hace señales de que tome notas)

SACRIFICIO: Aquí nunca se habla demás.

MALABARES: Aquí y en las salas de emergencia siempre dicen la verdad.

SACRIFICIO: (Para sí) Verdades son verdades. Lo que aquí se gana, con mi ayuda, porque es con mi ayuda, se lo reparten Malabares y la vieja.

CURDA: Yo digo lo que siento. A mí me gusta mi trago.

MAROMA: Y a mí el juego.

CURDA: *(A Maroma)* Conque viciosa la niña ¿No?

TODAS LAS CLIENTAS, MENOS MAROMA: 2 y 2 son 4, 4 y 2 son 6, 6 y 2 son 8 y 8, 16.

MAROMA: No dijeron el 32.

CACALOTA: *(A Maroma)* Todos estos olores y el ambiente. ¿Aquí hay brujería?

MAROMA: No dijeron el 32.

CACALOTA: Qué si hay brujería.

MAROMA: Que yo sepa hasta en Wall Street hay brujería.

CACALOTA: Una nunca sabe.

MAROMA: Así es.

INTELECTO: Como en todo.

OTOÑO: Yo nací el 1 de enero, el día del año nuevo.

MALABARES: Capricornio, muy depresivos.

CACALOTA: ¿Así de grave?

INTELECTO: No exageren la nota.

SACRIFICIO: *(Al público)* No se aterren, estás mujeres se descarrilan. Es normal. *(Para sí)* Y yo aguantando. Porque aquí se gana, con mi ayuda, porque es con mi ayuda, lo reparten entre Malabares y la vieja.

MAROMA: No dijeron el 32.

CACALOTA: *(Se para e imitando a un locutor de carreras de caballos realiza una emocionada narración. Maroma se va emocionando y toma la posición de un jinete como si estuviera compitiendo en la carrera)* Han dado la largada. El Cínico toma la delantera por la parte de afuera seguido muy de cerca por Prototipo. Canallada está de tercera cuando comienzan a tomar la curva de los corrales. *(Todas las mujeres vociferan números y hacen ademanes como si estuvieran en el hipódromo mientras Cacalota continúa la narración)* El jinete de Percusión ha perdido uno de los estribos y queda prácticamente fuera de carrera. Canallada insiste por los palos pero el Cínico y Prototipo han sacado más de diez cuerpos cuando ya toman la última curva y se vienen hacia casa. *(Las mujeres continúan vociferando y Maroma gesticulando como un jinete decidida a ganar su carrera)* Canallada comienza a apretar el paso y acorta la distancia cuando restan 300 metros. El Cínico muestra cansancio y Prototipo toma la delantera a falta de 100 metros cuando Canallada viene realmente como una exhalación emparejando a Prototipo que no cede en una final reñido, cabeza a cabeza, han cruzado la meta y Canallada por una nariz en el último salto a derrotado a Prototipo.

MAROMA: (Exclamativa, contenta) Me quiero morir, me emociona, me da vida. Prototipo de segundo. No es mucho lo que cobro pero algo es algo.

SACRIFICIO: *(Hablando para sí y para el público. Señalando a Maroma)* Se transforma. lo lleva adentro.

MALABARES: Es un vicio bravo.

OTOÑO: La pobre dice que se lo juega todo.

CURDA: Muy pronto la vida y lo que le quede de decencia.

INTELECTO: No quiero excusarla pero estamos enfermas.

OTOÑO: Las compadezco.

CACALOTA: Aquí todas estamos enfermas. Casi que desahuciadas.

MALABARES: No desesperen que ya Jacoba debe de estar llegando.

OTOÑO: ¿Y dónde anda?

SACRIFICIO: Fue al entierro de una clienta.

OTOÑO: ¿De qué murió la señora?

SACRIFICIO: Lo que yo escuché es que se tiró de un quinto piso.

MALABARES: No Sacrificio. Se cayó y se mató.

SACRIFICIO: ¿Se cayó de un quinto piso?

MALABARES: Es lo que dicen.

SACRIFICIO: Filomena se llamaba. A toda hora deprimida y tóxica. Siempre hablaba de suicidarse. Venía semanalmente en busca de paz y comprensión y Jacoba, para que, no puedo decir lo contrario, la ayudó hasta más no poder. Ella colabora con sus clientas, es verdad (Para sí) aunque lo que aquí se gana, con mi ayuda, porque es con mi ayuda, lo reparten entre Malabares y la vieja.

CURDA: Se le rompió la soga.

MAROMA: Así parece.

SACRIFICIO: Así parece no. Así fue.

MAROMA:　　Que en paz descanse.

TODAS MENOS MAROMA: Que en paz descanse.

MAROMA:　*(Efusiva)* Si veo que están jugando bingo, entro. Si escucho las fichas del dominó, me paro, me siento y apuesto. Raspo lotería. Juego los números del día. Cartas. Me entretengo, me enojo, cojo bronca, me digo que me voy a terminar de perder y por eso estoy aquí. Me arrepiento, lo siento, pero es lo mío. Cambio a lo que me gusta, lo que quiero de verdad "los berretines que tengo por los pingos" como decía Gardel.

INTELECTO: "Juego mi vida, cambio mi vida, de todos modos la llevo perdida" dice un hermoso poema de León de Greiff.

CURDA:　　El que juega por necesidad, pierde por obligación.

OTOÑO:　　¿Aquí no vienen hombres?

SACRIFICIO: Muy pocos.

MALABARES: Jacoba prefiere a las mujeres, son más abiertas contando sus problemas, más francas, menos *(Pausa)* vamos a decir: menos truculentas.

OTOÑO:　　Creo en la mujer.

CACALOTA: También yo.

INTELECTO: Igualmente.

MAROMA:　　Hombres que conozco dicen que prefieren ir a lo de Don Juan porque allí les ayudan mucho con la suerte, con la soledad (*Coqueta*) y con los problemas de erección *(Muestra la fusta que tiene como parte de su vestuario como jineta). (Pausa)* De allí, la mayoría, para lo de Doña Luz, el burdel que está a la vuelta de Don Juan. Cada oveja a su redil.

CURDA: Los hombres. Un mal necesario.

CACALOTA: El problema mío no es con mi hombre, es con las pesadillas, con las obsesiones.

MALABARES: Ya nos contarás.¿Cuándo naciste?

CACALOTA: Soy Escorpión.

MALABARES: Obsesiva de nacimiento.

CACALOTA: 1 de noviembre. Día de los muertos.

TODAS LAS CLIENTAS MENOS CACALOTA: (Exclamatorias) Oh, oh!

SACRIFICIO: Cempasúchiles por todo lado.

TODAS LAS CLIENTAS: Fecha complicada.

SACRIFICIO: En verdad, hay unas más complicadas que otras.

MALABARES: (A Cacalota) ¿Y cómo es lo de las obsesiones?

CACALOTA: Me atormentan mucho.

OTOÑO: A mí también.

MALABARES: *(A Otoño)* Estamos con Cacalota.

OTOÑO: Oh perdón.

CACALOTA: Dígame Malabares.

MALABARES: Abunda más en lo tuyo.

CACALOTA: Simple. Te voy a poner un ejemplo, aquí, frente a todas, aunque a veces me avergüenza que esto me pase.

MALABARES: Si quieres puedes esperar por Jacoba.

CACALOTA: Bueno ya que estamos en confianza, voy de frente. !Qué diablos, que se sepa!

MALABARES: Te escuchamos.

CURDA: Llegó el momento en que la puerca torció el rabo.

MALABARES: Curda, por favor.

CURDA: Para ponerle un poco de música (Pausa) Salud.

CACALOTA: ¿Cuento o no cuento?

SACRIFICIO: Dele, empiece. *(Pausa)* Empiece que aquí todas cuentas sus penurias menos yo, que también las tengo, de larga data, y me las trago.

CACALOTA: *(El tono de voz se va modulando conforme a la narración de la historia)* Estoy en la cocina y abro un aguacate. Hasta aquí todo bien. Comemos mi esposo y yo.

Por la noche cuando ya estoy dormida puede ser que algo me despierte o que siga en el sueño. Comienzo a pensar que me he tragado la pepa del aguacate y que me estoy ahogando. Si el aguacate es uno de esos mexicanos *hass* que son pequeños, la pesadilla es más grande porque siento literalmente que la pepa o la semilla me ahoga, si estoy despierta me angustio y aprieto la sábana y la cobija, pero sufro pensando en la idea. Si estoy dormida, siento que me atraganto, comienzo a sudar y a retorcerme en la cama hasta que grito y despierto. Cuando abro los ojos, usualmente sentada en la cama y sudada como un potro, ya mi esposo me está esperando triste y sobresaltado. Entonces lloro y siento pesar por mí.

INTELECTO: Debe de ser durísimo.

CACALOTA: Sí, lo es. La otra cosa es que le estoy creando un problema a mi esposo y me da miedo que algún día se canse.

CURDA: Y que te mande a freír espárragos.

MALABARES: Curda, por favor.

CURDA: Eso es parte de la vida (Pausa) Salud.

SACRIFICIO: Claro que es parte de la vida, por eso tan importante sanarse. Jacoba te ayudará. (Para sí) Aunque hablando de sanarse, sinceramente, hay cuentas que aclarar.

CACALOTA: Soy demasiado obsesiva. Trato pero no logro controlarme. Eso me desespera. Me flagelo mentalmente.

SACRIFICIO: He escuchado muchas veces a Jacoba

decir que para problemas como este, liberar la mente es lo más importante.

CACALOTA: Sí ¿Pero cómo la libero?

MALABARES: Busca nuevos intereses y no seas dura contigo.

CACALOTA: Trataré, veremos que me dice Jacoba.

MALABARES: Y hablando de la vida. Tu alcoholismo sigue siendo parte de tu vida ¿Ah Curda?

CURDA: Hasta la pregunta es necia, tu sabes que sí.

MAROMA: Bebes porque bebes. Sí o sí.

CURDA: Como tu en las apuestas. Sí o sí.

OTOÑO: *(A Curda)* ¿Hay alcohólicos en tu familia?

CURDA: ¿Por que me lo preguntas?

OTOÑO: Una pregunta suelta.

CURDA: Mi familia es un monasterio.

INTELECTO: ¿Y como te enganchaste?

CURDA.   Te escuché decir que tuviste una relación con un huele braguetas. Sé lo que eso significa. Amé un tipo con todo mi corazón. Me entregué toda. Un día, sin pelea ni nada, sin ningún argumento me dijo que no me quería. *(Pausa)* Que no tenía a otra. *(Pausa)* Que no podía vivir más conmigo porque yo lo asfixiaba, lo controlaba demasiado. Le dije que habláramos, que llegáramos a un acuerdo. Yo trabajaba en un consultorio dental. Vivíamos, vamos a decir, relativamente bien. El era o es, vendedor y muy bueno por cierto. No hay acuerdo, me dijo y se marchó. En esos días pensé que estaba embarazada y eso complico mi sufrimiento. Comencé a beber para quedarme dormida y no pensar y aquí estoy, ya no pienso pero bebo. Bebo y me gusta como a Maroma que le encantan sus apuestas. He venido a pedirle a Jacoba muchas veces que me ayude a salir del hoyo. Me gusta cuando me dice "Solo tu podrás sacarte del hoyo". Salgo motivada, duro sobria un día y vuelvo a la cantina, a esa que visita Fat Pussy. Un ambiente oscuro, grosero y barato donde van habitantes de la calle, atracadores y un ex sicario al que llaman "Pacho balazo". Esas joyas, y yo, somos los consuetudinarios de "La gota que ayuda" que es como se llama esa guarida *(Pausa)* Salud.

OTOÑO: Para mi, un lugar impensable *(Pausa)* Intocable.

CURDA: Usted se ha venido a menos y no se olvide que no se puede escupir para arriba.

OTOÑO: Solo he dicho lo que pienso.

SACRIFICIO: Hay que vivir conscientemente. Evitar caer en el abismo. (Para sí) Aunque hay abismos insalvables.

MALABARES: Para eso están aquí.

OTOÑO: Así mismo.

INTELECTO: Estamos para eso.

MAROMA: Apoyo esa moción.

CACALOTA: Lo que pasa es que del dicho al hecho hay mucho trecho.

CURDA: Y una cosa piensa el burro y otra el que lo arrea. *(Pausa)* Yo me veo de vuelta en el consultorio, con una bata blanca impecable. *(Pausa)* Entonces veo un bar en un hotel de lujo, frente al mar, bajo un sol abrazador que pasa a través de unas palmeras verdes llenas de cocos y una brisa caribeña tibia que se estrella contra una barra, en la que cantineros que parecen modelos, colocan sensualmente hielo en los vasos que después llenan de licor. Me traslado entonces a "La gota que ayuda" donde lo único del sueño que va es el licor. El que a fin de cuentas es el que me importa (Pausa) Salud y más salud.

SACRIFICIO: (A Curda) Necesitas cordura y liberación (Pausa. Para sí) Todas necesitamos liberarnos.

MALABARES: Ya viene Jacoba.

OTOÑO: Paz y liberación.

INTELECTO: Pax et liberatio. *(Pronunciación: pax et libaratío)*

CACALOTA: ¿Cómo?

INTELECTO: Paz y liberación en latín.

CACALOTA: ¿Y eso se usa?

INTELECTO: Por supuesto que sí.

OTOÑO: En las altas esferas.

CURDA: Aquí en las bajas, esperamos, sin mucho adorno, tiradas en la hamaca.

MAROMA: En la hamaca.

CURDA: En "La gota que ayuda", nos emborracha-
mos. En las altas esferas se ponen ebrios. Al final es lo
mismo, producción etílica (Pausa) Salud.

MALABARES: Producción etílica.

SACRIFICIO: Y la cura no es fácil. Muchos lo intentan,
algunos lo logran. (Pausa y para sí) A mi me cuesta trabajo.
Se el problema: lo que aquí se gana, con mi ayuda, porque
es con mi ayuda, lo reparten entre Malabares y la vieja.
(Hace un además como si se preguntara ¿Y?)

MALABARES: Decisión y consejería, son las claves.

CURDA: A mí sinceramente, no me funciona nada.
Sigo esperanzada en la ayuda de Jacoba. Me gusta porque
no adorna la píldora, no miente. Te lo dice claramente.
"Solo tu te sacas del hoyo".

INTELECTO: ¿No has tratado con medicamentos?

CURDA: Si claro, con Disulfiram, Naltrexona y
Acamprosato. Vuelvo a "La gota que ayuda" porque si no
hay voluntad, no hay nada.

OTOÑO: A mi la voluntad me sobra.

MAROMA: Ya veremos.

SACRIFICIO: Ya veremos.

OTOÑO: Lo mío, aunque único, creo que es muchí-
simo más fácil de tratar que lo que han expuesto las com-
pañeras aquí.

MALABARES: Haber, cuéntenos.

OTOÑO: He vivido siempre con todas las de la ley. Riqueza, empleados, sirvientes.

CURDA: (Interrumpe a Otoño) Alcahuetes y lambónes.

SACRIFICIO: No interrumpas Curda.

OTOÑO: Rodeada de mucha gente que desapareció cuando mi esposo cayó preso. Mi tremendo esposo. Porque aparte de todo un tremendo tipazo. Buen mozo, buen proveedor, excelente gastador. Un sibarita.

INTELECTO: Según cuentas (Pausa) no vivías con todas las de la ley.

MAROMA: ¿Y se puede saber por qué el tipazo cayó preso?

OTOÑO: Lo de muchos. Lavado, evasión contributiva y préstamos con unas tazas de interés exageradas. Las malas compañías.

INTELECTO: Tremenda joyita.

CURDA: Los basura somos los de "La gota que ayuda".

CACALOTA: Los ladrones de cuello blanco pagan en sus casas y los del vecindario común en las cárceles.

INTELECTO: Son construidas para ellos, para tenerlos allí. Para que los vecindad no se dañe.

CURDA: Los ladrones de cuello blanco no los dañan.
No, ellos no.

MAROMA.   Igual que los políticos ladrones, viven en medio de los otros ricos que se la han ganado en buena lid y nadie dice nada.

MALABARES: *(A Otoño)* Otoño, por favor siga con su historia.

OTOÑO;   Como nunca trabajé, no se administrar. No se llenar un cheque. No se producir dinero por lo que el que me quedo después de la muerte de Ángel lo he ido acabando.

CURDA: ¿Ángel?

OTOÑO: Ángel, sí.

MAROMA: Tremenda combinación.

CACALOTA: Ese Ángel era un zorro.

INTELECTO: No se olviden que también hubo "Ángel de la muerte" y otros ángeles no muy santos.

MAROMA: ¿Y qué es lo que realmente buscas Otoño?

OTOÑO: Tranquilidad y salud.

MALABARES: Debes comenzar por liberar tu mente de las preocupaciones y de buscar ayuda profesional para resolver tus asuntos. Un abogado, un contador, un consejero y lo que necesites para manejar lo que tienes. Que no sabemos cuánto es.

OTOÑO: Era mucho.

MALABARES: ¿Era o es?

OTOÑO: No estoy muy clara. Estoy confusa.

SACRIFICIO. ¿Tienes propiedades?

OTOÑO: Sí, pero hay un problema, son varias, son mías, pero no están a nombre mio.

TODAS MENOS OTOÑO: (Sorprendidas) Hum!

MAROMA: Tremendo bardo.

CACALOTA: ¿Bardo?

MAROMA: Problema.

CACALOTA: Ah sí.

MALABARES: ¿Qué no están a nombre suyo?

OTOÑO: No porque Ángel usaba testaferros para evitar la ley.

SACRIFICIO: Y esos testaferros ¿te reconocerán las propiedades?

OTOÑO: El problema es que a uno de ellos, lo acribillaron unos sicarios.

MALABARES: ¿Cuántos tenía?

OTOÑO: Eran tres, el muerto, uno condenado a 20 años y uno desaparecido.

TODAS MENOS OTOÑO: (Sorprendidas) Hum!

MAROMA: Tremendo bardo.

CURDA: Ni pa´llá voy a mirar.

INTELECTO: La verdad que Otoño necesita más que consejería. Necesita todo un equipo.

SACRIFICIO: Ya vendrá Jacoba.

MAROMA: Esperemos que llegue.

SACRIFICO: Y tu Maroma. ¿Cómo te enganchaste al juego?

MAROMA: Caminaba por el centro del pueblo. aburrida. sin un peso y sin trabajo. En la olla. Pasé por una ventana grande en donde ahí, al fondo, se veían las máquinas traga monedas y un aviso que leía "Entre, pruebe su suerte, hoy puede ser su día, hoy puede dejar la pobreza en los libros de la historia". Me dio como una cosquillita y me fui a una prendería y empeñé el reloj. Regresé y para mala suerte, esa noche, me gané unos pesos. Quizás si hubiese perdido no hubiera vuelto jamás, pero gané y eso fue lo peor que me pasó.

INTELECTO: El destino tiene esas pasadas.

CURDA: O esas cagadas.

MAROMA: Empecé a conocer muchos tahúres y gente de ese mundo. Hicimos grupo de trabajo para ir a otros centros a jugar y a coger los giles por el pescuezo.

CACALOTA: ¿Hacían trampa?

MAROMA: Mucha, mucha trampa.

OTOÑO: Ganaban mucho ¿verdad?

MAROMA: Mucho pero golpeábamos la cana todas las semanas.

CACALOTA: ¿Presa todas las semanas?

MAROMA: Hasta que una de esas noches conocí un jinete que participaba en un grupo que arreglaba carreras de caballos. Pero como los conocían no podían apostar en los garitos clandestinos entonces mi trabajo era reclutar apostadores que fueran a hacer las apuestas por ellos.

INTELECTO: ¿Y no apostaban en los hipódromos?

MAROMA: Los hipódromos los tenían fichados y no los dejaban entrar. Además se arriesgaba la papoña.

CACALOTA: ¿Papoña?

MAROMA: El negocio, la fija.

CURDA: Me gusta. Salud.

SACRIFICIO. Muy interesante.

MAROMA: Encanaron al jinete y perdí el contacto. Ahí nos fuimos profundos al océano.

INTELECTO: No te entiendo.

MAROMA: El jinete fue preso. No tenía más contactos y nos quedamos en la olla.

INTELECTO: Se acabó el negocio.

MAROMA: Ese sí. Seguimos en otros pero la noche se lo va comiendo a uno. Pregunteselo a Curda. Ella le podrá contar mil historias de la noche y sus personajes.

CURDA: Certísimo.

MALABARES: *(A Maroma)* ¿Cuál es tu objetivo?

MAROMA: Dejar el juego y enderezar mi vida.

SACRIFICIO: Podrás lograrlo con la ayuda de Jacoba *(Pausa, para sí)* Y yo *(Pensativa)* la mía, porque lo que aquí se gana, con mi ayuda, porque es con mi ayuda, lo reparten entre Malabares y la vieja.

MAROMA: Estoy cansada de perder.

CACALOTA: A nadie le gusta perder.

TODAS LAS CLIENTAS: A nadie.

MAROMA: Haré el esfuerzo.

SACRIFICIO: Jacoba te ayudará.

MALABARES: Cuenta con eso.

OTOÑO: *(A Intelecto)* ¿Además de los zapatos te gustan los jueguitos?

INTELECTO: ¿Los jueguitos?

OTOÑO: Ser esclava, ser humillada. ¿Cosas así?

INTELECTO: No.

OTOÑO:　　Son más populares de los que uno podría pensar.

INTELECTO: ¿Verdad?

MAROMA:　　Si, claro.

CACALOTA: Las cadenas, los golpes.

INTELECTO: Con los zapatos me da y me sobra.

MAROMA:　　Hay cosas distintas. La noche, tu sabes.

INTELECTO: El amor no se hace solo de noche.

MAROMA:　　Claro que no, pero de noche es más placentero, más cómplice.

CURDA:　　Eso sí.

INTELECTO: Uno no se sorprende de nada, pero hay distancia.

CACALOTA: ¿Distancias?

INTELECTO: Los principios.

CURDA:　　¿Y quedan algunos?

INTELECTO: Seguro.

CACALOTA: Aunque como van las cosas el único que vale es el dinero.

MAROMA: Dinero y pesos, es lo que hay.

CACALOTA: Dinero y pesos.

MALABARES: Y ritmo de tambores. *(Se escucha el sonido de instrumentos de percusión)*

TODAS: *(Percusión, palmas y baile que comienza Malabares)*

Oyé, alé, *(Silencio de 1 tiempo)* alé, alé

Oyé, alé, *(Silencio de 1 tiempo)* alé, alé

Oyé, alé, *(Silencio de 1 tiempo)* alé, alé

Macumbé, alé, macumbé

Acarobá, Jacoba, acarobá

Macumbé, alé, macumbé

Acarobá, Jacoba, acarobá *(A partir de aquí el volumen se va reduciendo hasta que la cuarta repetición es casi inaudible)*

Acarobá, Jacoba, acarobá

Acarobá, Jacoba, acarobá

Acarobá, Jacoba, acarobá

(Silencio -Pausa larga {1, 2, 3, 4}- Las mujeres se miran entre sí. Después de la pausa seis golpes de Shekere. Percusión, palmas, todas cantan y Malabares explota en baile)

Oyé alé

Oyé alé

Oyé alé

Oyé alé

Oyé alé

Oyé alé

(Jacoba aparece mientras las mujeres entonan el canto. Escoltada por Sacrificio saluda a las clientas y muy cariñosamente a Curda, su clienta y va y se sienta en su escritorio. Sonido de maracas y de un semillero hasta llegar al silencio. Sacrificio le entrega la libreta. Malabares llama al frente a Intelecto, le da unas instrucciones y la lleva frente a Jacoba. A partir de aquí mientras cada una de las mujeres está frente a Jacoba las demás prestan mucha atención)

JACOBA: Bienvenida Intelecto a este lugar donde la razón y la sin razón se encuentran para encontrar el camino verdadero que nos ayudará a vivir mejor.

INTELECTO: Así espero.

JACOBA: ¿Y qué de tus dolencias?

INTELECTO: No son dolencias propiamente dicho. Son deseos desenfrenados a ciertos objetos.

JACOBA: ¿Amuletos?

INTELECTO: Zapatos.

JACOBA: ¿Qué es lo que te pasa?

INTELECTO: Me producen un deseo sexual inexplicable.

JACOBA: ¿Desde cuándo?

INTELECTO: Tuve un amor, un profundo amor con un hombre que me falló, me entregué sin condición. Actuábamos con zapatos. Yo me ponía unos tacones altísimos *(Muestra seductoramente sus tacones)* y él jugaba con su cuerpo, cambiábamos los papeles y me fue gustando cada vez más. Cuando me dejó me metí más en el cuento de los zapatos porque me divertía y lo entendía también como una venganza.

JACOBA: ¿Y él, te dio alguna razón para irse?

INTELECTO: Yo la tengo.

JACOBA: ¿Cuál?

INTELECTO: *(Enfática)* Es un huele braguetas, un bolas tristes.

JACOBA: Ya veo. ¿Quisieras que regresara?

INTELECTO: A estas alturas me da igual pero si vuelve pues que vuelva.

JACOBA: ¿Tienes alguna foto de él?

INTELECTO: Sí. *(Busca en la cartera y se la entrega a Jacoba)* Aquí está.

TODAS LAS CLIENTAS, MENOS INTELECTO: *(Se

escucha una tambora/merengue típico. Las clientas se paran y ordenan) Muévela con un palito. *(Se sientan)*

JACOBA: Y verás como regresa.

TODAS LAS CLIENTAS, MENOS INTELECTO: Manso como un corderito. *(Se sientan)*

JACOBA: Porque yo...

TODAS LAS CLIENTAS, MENOS INTELECTO: *(Las clientas se paran y exclaman)* Hum!

INTELECTO: ¿Usted cree?

JACOBA: Podría ser, dijo el maestro Cuco Valoy.

INTELECTO: Lo que sea, me entregué a varios hombres y los divertí con el cuento de los tacones pero como le dije era por pura venganza.

JACOBA: Hay que liberarse.

INTELECTO: ¿Me podré sanar?

JACOBA: Lo tuyo no es nada grave. Liberarse, buscar otra opción.

INTELECTO: Sugiérame alguna.

JACOBA: Así como aprendiste, así puedes olvidarlo.

INTELECTO:De verdad ¿Lo cree? Nunca había tenido una consulta como esta. Me dijeron que usted había salvado el nieto de una señora al que le habían hecho mal de ojo y eso me animó.

JACOBA: No siempre se gana pero se hace el deber.

INTELECTO: Claro, uno no debe rendirse.

JACOBA: *(Llama a Sacrifico y le da unas instruccio-*
nes en el oído, después se dirige a Intelecto) Vas a buscar
nuevos intereses, *(Intelecto se para)* vas a pensar que los
zapatos, aunque hermosos, pisan la mierda y esto te puede
desmotivar en el asunto, vas a tomarte un té que te entre-
gará Sacrificio y lo beberás con harta miel. Pero antes de
que te vayas te pregunto ¿Has herido o lastimado a alguien
con el juego de los zapatos?

INTELECTO: No.

JACOBA: ¿Has atentado contra la integridad de alguien entre suelas y tacones?

INTELECTO: No.

JACOBA: ¿Te has hecho daño físico o mental jugando
con el calzado?

INTELECTO: No.

JACOBA: ¿Tus juegos molestan o hieren a terceros?

INTELECTO: No

JACOBA: Realmente no veo nada malo en tu fetichismo, lo entendería como una cuestión intima, si no le
causas dolor ni daño a nadie, no creo que sea necesario el
camino del cambio. Si te sientes bien, si está bien contigo
hacerlo, apártate y deja los juegos esos con el calzado, de
lo contrario que la vida te siga dando goce, salud y fortuna.

INTELECTO: Me voy a casa en paz. Gracias Jacoba. Valió la espera. *(Sacrificio le entrega a Intelecto una bolsita y esta se sienta done estaba)*

MALABARES: *(A Intelecto)* ¿Se va o espera?

TODAS LAS CLIENTAS: Entramos juntas, saldremos juntas.

(Malabares se acerca a Otoño, le dice algo al oído. Otoño organiza su manta y sus revistas. Jacoba lee la libreta que le dio Sacrificio).

JACOBA: (A Otoño) Ven siéntate aquí.

OTOÑO: No. Me quedo aquí.

JACOBA: ¿Tienes frío?

OTOÑO.   No. ¿Por qué preguntas?

JACOBA: Por la cobija.

OTOÑO: La manta es mi apoyo emocional y lo que leo, mi seguridad.

SACRIFICIO: No tengo apoyo emocional.

JACOBA: *(A Sacrificio)* Estoy con la señora..

SACRIFICIO: Y yo también.

MALABARES: *(A Sacrificio)* Compostura.

JACOBA: *(A Otoño)* Segura que ¿prefieres hablar desde allá?

OTOÑO: Sí, segura.

JACOBA: *(A Otoño)*¿Usted se llama otoño o le dicen otoño?. Tengo esa curiosidad.

OTOÑO: Me llamo otoño.

JACOBA: Gracias.

OTOÑO: Estoy en el otoño de mi vida.

JACOBA: Dele gracias a la vida que ha llegado lejos.

OTOÑO: Le doy gracias todas las mañanas.

CURDA: (Espontánea) Salud.

JACOBA: No todos tienen la suerte de llegar tan lejos.

OTOÑO.   Es verdad, no debiera quejarme.

JACOBA: Entiendo que le molesta haber llegado tan lejos.

OTOÑO: La vejez no es fácil.

CURDA: (Espontánea) Salud.

MALABARES: *(A Curda)* No interrumpas.

JACOBA: *(A Otoño)* Mientras aparece el elixir de la vida hay que vivirla y como le dije: no todos llegan tan lejos.

OTOÑO: Fíjese, estoy sorprendida. Me dijeron que

usted era rusa. Que su nombre era Yakoba. *(Se pronuncia uakoba)*

JACOBA: ¿Quién te dijo semejante disparate?

OTOÑO: La señora que me dio su dirección. Ve donde la bruja rusa, me dijo.

JACOBA: (Se ríe)

OTOÑO: Discúlpeme.

JACOBA: ¿Te dijo que aquí recibimos rublos?

OTOÑO: Me advirtió que trajera de los verde, ya pagué.

JACOBA: Ya lo sé.

SACRIFICIO: Ya pagó. *(Para sí)* Lo que aquí se gana, con mi ayuda, porque es con mi ayuda, lo reparten entre Malabares y la vieja.

OTOÑO: La vejez me atormenta y un lio con unas propiedades que no están a mi nombre.

JACOBA: Ya lo sé.

OTOÑO: ¿Qué debo hacer?

JACOBA: Contra la vejez no hay nada que hacer. Para lo otro buscar protección legal. De alguien que trabaje en casos similares. Un abogado que te ayude a salir de tanto embrollo.

OTOÑO: Lo haré.

JACOBA: Es muy importante que no caigas en depresión, ni por eso, ni por nada.

OTOÑO: Trataré, pero no es fácil.

JACOBA: Nada es fácil y todo es fácil. Depende de la actitud.

SACRIFICIO: Nada es fácil *(Pausa)* Hum...

OTOÑO.   Lo entiendo.

JACOBA: No todos los amores son iguales, pero son amores.

OTOÑO: Lo entiendo.

JACOBA: Fortalece tu postura. Nosotras no conocemos realmente ni la fuerza, ni la vulnerabilidad, ni el grado de resiliencia hasta que se hacen necesarios.

OTOÑO: Estaré preparada.

JACOBA: *(Llama a Sacrifico y le da unas instrucciones en el oído, después se dirige a Otoño)* Es muy importante que coloques orquídeas, lirios y crisantemos en tu casa. Te y baños con canela. Mejoran la suerte y la necesitas en el caso de las propiedades. Spasibo *(Se pronuncia espaciba)*.

OTOÑO: ¿Qué fue lo último?

JACOBA: Gracias en ruso.

OTOÑO: *(Sorprendida)* Ah!

(Malabares se acerca a Curda, que se ha quedado dormida, la despierta y le dice algo al oído. Curda se para y camina hacia el escritorio de Jacoba que está leyendo en la libreta que le dio Sacrificio. Curda se sienta).

JACOBA: Curda, de regreso. ¿Cómo estás?

CURDA: Ya usted sabe.

JACOBA: Sigues bebiendo.

CURDA: Sí señora.

JACOBA: ¿Quieres salirte?

CURDA: La verdad quiero, pero no puedo, además me gusta estar borracha.

JACOBA: ¿Y qué podemos hacer?

CURDA: No sé, dígame usted. Deme alguna idea.

JACOBA: ¿Te interesaría una terapia?

CURDA: Si es con alcohol, sí.

JACOBA: Más seriedad Curda.

CURDA: La seriedad de poco sirve.

JACOBA: La salud ¿cómo está?

CURDA: Estoy bien, no me puedo quejar.

JACOBA: Hagamos algo.

CURDA: Dígame.

JACOBA: Vamos a trabajar bajo el concepto de la muerte del deseo.

CURDA: Explíqueme más.

JACOBA: Es trabajar en dejar de querer lo que se quiere.

CURDA: Suena un poco loco.

JACOBA: Entre otras cosas es muy cuerdo.

CURDA: ¿Trabaja?

JACOBA: La idea es simple pero profunda.

CURDA: Dijiste la muerte del deseo.

JACOBA: Matar lo que se quiere.

CURDA: ¿Cómo puede uno matar lo que quiere?

JACOBA: Con fuerza de voluntad y disciplina.

CURDA: ¿Para qué lo mataría?

JACOBA: Para salir de ahí. Para no desearlo más.

CURDA: Se sufriría doblemente.

JACOBA.   Pero al final una se liberaría.

CURDA: ¿Liberaría?

JACOBA: Claro, del deseo.

CURDA: No me parece que haga sentido.

JACOBA: Si matas el deseo de beber, no beberías más.

CURDA: ¿Y qué haría conmigo?¿Con mi tiempo? ¿Qué sería de mí?

JACOBA: Buscarías nuevos intereses.

CURDA: Lo único que me interesa es beber, estar borracha me complace y me hace feliz.

JACOBA: Estar ebria te impide cumplir con la sociedad.

CURDA: La sociedad no ha cumplido conmigo.

JACOBA: Te ha dado oportunidades, no puedes decir que no.

CURDA: Nombreme una.

JACOBA: Claro que sí.

CURDA: Nombreme una.

JACOBA: Has podido estudiar.

CURDA: No he estudiado.

JACOBA: Has podido trabajar.

CURDA: Entre otras los jefes que tuve, los primeros, abusaron de mi, era una muchacha bonita e inocente, indefensa. Eso ayudó al empujón etílico.

JACOBA: Te expresas bien.

CURDA: "La gota que ayuda" es una universidad.

JACOBA: De malas costumbres.

CURDA: De la vida.

JACOBA: ¿Qué hacemos entonces?

CURDA: No sé, dígame usted. Deme alguna idea.

JACOBA: Por lo pronto, sin rendirme, esperar.

CURDA: ¿Esperar?

JACOBA: Sí, que las condiciones mejoren.

CURDA: Están inmejorables.

JACOBA: No quieres dejar el alcohol.

CURDA: Sinceramente no.

JACOBA: ¿Para qué viniste?

CURDA: Me divierte escuchar a tus pacientes.

JACOBA: Es morboso.

CURDA: En la vida todo es morbo.

JACOBA: Piénsalo bien.

CURDA: ¿Me puedo tomar otro trago?

JACOBA: Nada ganaría diciéndote que no.

CURDA: Gracias.

JACOBA: *(Curda saca una petaca de su cartera y se toma un trago. Jacoba llama a Sacrifico y le da unas instrucciones en el oído, después se dirige a Curda)* Espera un minuto. *(Mientras Sacrificio regresa Jacoba mueve el reloj de arena y otros objetos de su escritorio) (Sacrificio ha regresado con una rosa roja que Jacoba toma y que le entrega a Curda después de darle un beso en la mejilla)* Es para ti. Para que sepas que cuentas y que no olvides que a veces es conveniente matar lo que se quiere.

CURDA: Sigo sin entenderlo. *(Mientras Curda regresa a su silla, Malabares le dice algo al oído a Cacalota y la acompaña hasta el escritorio de Jacoba. Cacalota se sienta)*

CACALOTA: Buenas, por aquí con un problema que creo no sea muy común.

JACOBA: *(Después de mirar la libreta de apuntes)* Obsesiones, las hay de todos los tamaños, colores y frentes.

CACALOTA: El mío por lo que veo es muy serio pero quiero trabajar en él.

JACOBA: Ya se lo del aguacate, abunda un poco más.

CACALOTA: No resisto, no me resisto.

JACOBA: ¿No has tratado de pensar en otras cosas

cuando te vienen las obsesiones?

CACALOTA: He tratado pero no puedo. La que tuve anoche por poco me mata.

JACOBA: Es necesario darle ordenes firmes a la mente.

CACALOTA: Nada de eso me funciona. Ni dormida, ni despierta.

JACOBA: Buscar nuevos intereses que distraigan la mente. Vivir los momentos reales no los imaginarios.

CACALOTA: Los imaginarios los vivo.

JACOBA: Piensa que te ganaste el premio gordo de la lotería y gózalo obsesivamnete hasta que lo gastes todo.

CACALOTA: Esos tan positivos no me afectan y si me viene una idea parecida se esfuma.

JACOBA: No se puede vivir sola en la obsesión.

CACALOTA: Mi marido me ayuda y espero no cansarlo.

JACOBA: ¿Cómo fue lo de anoche?

CACALOTA: Con un tren

TODAS LAS CLIENTAS MENOS CACALOTA: (Imitando el sonido y el silbato del tren) Chi pi cha pe, Chi pi cha pe. Boo, Boo.

CACALOTA: (*A las mujeres, visiblemente molesta*) Déjenme contar.

MALABARES: Por favor hagan silencio.

SACRIFICIO: *(A las mujeres)* Ustedes contaron libremente.

JACOBA: Si no pueden escuchar, ya saben lo que hay que hacer.

CURDA: Tranquilidad viene de tranca.

JACOBA: *(A Cacalota)* Continúa.

CACALOTA: *(Mira a las mujeres y procede a contar)* Al medio día de ayer cruce una carrilera del tren en mi carro. Temprano en la noche me fui a la cama. Sería media noche, mi carro se detuvo justo sobre la vía férrea. *(Cuenta la historia como si la estuviera viviendo)* Traté de prenderlo y no prendió. Me preocupé y comencé a desesperarme. Insistí y no prendió. En eso miro hacia la izquierda y veo la luz de la locomotora del tren que viene hacia mí.

TODAS LAS CLIENTAS: Boo, boo.

CACALOTA: *(Molesta)* No jodan, coño.

JACOBA: *(A las clientas)* Ultima advertencia.

CACALOTA: *(Continúa como antes)* Vuelvo a insistir y el carro no prende, veo la luz de la locomotora más cerca. Comienzo a sudar y a entrar en pánico. La luz del tren está más cerca. Piso el pedal de la gasolina y giro la llave en el suiche del encendido, el carro no prende. La luz del tren más cerca. Trato de abrir la puerta para salir corriendo pero todo esta asegurado y no puedo quitar el seguro. Sudo, grito y lloro. Veo la luz de la locomotora mucho más cerca. Grito, lloro, desespero, sudo, tiemblo. Ya no hay esperanza. Miro a la izquierda y ya la luz de la locomotora está casi pegándole a mi carro. Es inmensa. El choque parece inminente. Me despierto, estoy sentada en la cama, empapada de sudor. Las cobijas en el piso. Mi esposo parado mirándome en posición de espanto. Le pido perdón, lloro. El me consuela. Caigo dormida extremadamente cansada. Hoy desperté y me dolía todo el cuerpo. Me levanté y mi esposo me había dejado una nota en la cocina: el café esta listo, solo tienes que prender la estufa, tranquila, te amo. Eso me da un poco de paz. Eso, eso me trae aquí.

JACOBA: Hay un problema menos.

CACALOTA: ¿Cuál?

JACOBA: Tu esposo te quiere.

CACALOTA. No quiero perderlo, se podría cansar.

JACOBA: Primero mi estimada Cacalota, no puedes ser dura contigo. Suaviza esa parte.

CACALOTA: ¿Y las obsesiones?

JACOBA: Tratar de pensar en otra cosa, la mejor salida, la más fácil, vamos a decir. Liberar tu mente. Trabajar en eso.

CACALOTA: Haré hasta lo imposible. Necesito liberarme.

JACOBA: Intenta una actividad manual que te ocupe.

CACALOTA: ¿Alguna que recomiende?

JACOBA: Eso es lo que hay. Cocinar, limpiar, tejer, aprender un instrumento, jugar con plastilina, sembrar y cosechar, hacer trabajos manuales, ofrecerte de voluntaria en alguna parte para estar ocupada.

CACALOTA: Gracias, lucharé.

JACOBA: (*Jacoba llama a Sacrifico y le da unas instrucciones en el oído, organiza su escritorio mientras sacrifico regresa con una copa que le entrega a cacalota y le dice:*) Hay que personificar al enemigo, hablarle, verlo, enfrentarlo. Cuando recibas una obsesión échala aquí, en esta copa. La miras y le dices: "Tu no vales mi tiempo", la tiras, la botas, haces ese ejercicio cuantas veces sea necesario.

CACALOTA: (*Aprieta la copa contra el pecho y va a sentarse donde estaba antes, Sacrificio la acompaña. Malabares se acerca a Maroma, le dice algo al oído y llegan a donde está Jacoba*).

TODAS LAS CLIENTAS: 2 y 2 son 4, 4 y 2 son 6, 6 y 2 son 8 y 8, 16.

JACOBA: (*A las mujeres*) Tranquilas, tranquilas.

MAROMA: Tanto qu se burlan y son unas lloronas.

JACOBA: Las lagrimas ajenas también cuentan.

MAROMA: Pero ellas se burlan cuando están juntas y berrean cuando están solas, sin saber que cuando uno llora, llora con el alma.

JACOBA: Es el mundo.

MAROMA: Tengo problemas lúdicos.

JACOBA: Así lo entiendo.

MAROMA: Juego y gane o pierda no me importa, la cuestión es apostar, la adrenalina que produce esa carga emocional está presente y produce placer y gozo. Hay adrenalina antes de la apuesta, durante la apuesta y después de la apuesta.

JACOBA: ¿Te han tratado de ayudar?

MAROMA: Si pero no me ha funcionado.

JACOBA: Estás en el peor de los vicios.

MAROMA: Eso lo sé.

JACOBA: Me imagino que estas aquí porque estas decidida a dejar de jugar.

MAROMA: Sí, pero me da miedo.

JACOBA: ¿Miedo?

MAROMA: La abstinencia me podría derrumbar.

JACOBA: Entonces convérsalo otra vez contigo y regresa cuando estés decidida. Si no estás dispuesta a tirarlo todo, no tiene sentido tratar.

MAROMA: Seguro, volveré. *(Maroma se para y camina hacia el asiento que ocupaba)*

JACOBA: *(A Maroma)* Juega el 13.

MAROMA: ¿El 13? Dicen que no es de buena suerte.

JACOBA: No es por el número.

MAROMA: ¿Por qué?

JACOBA: Por Calle 13.

TODAS MENOS JACOBA Y MAROMA: *(Se paran y a ritmo de reguetón.)* Atrévete te, retírate te, reubícate te.

MAROMA: Va por Calle 13

TODAS MENOS JACOBA: *(Paradas, bailando y a ritmo de reguetón.).*

Atrévete te y dale pa´lante te
juega de frente
ponlo al 13
que vas para adelante.

Atrévete te y dale pa lante
es un quitao y nadie va a ganarte
el caballo tuyo va sin jockey
y no es patrás sino palante te. *(Se sientan)*

JACOBA: No suena mal.

SACRIFICIO: Suena bien.

MALABARES: Suena muy bien.

SACRIFICIO: Que el optimismo y la calma regresen a estas almas que los necesitan *(Señalando a las clientas. Pausa y para sí)* Yo a lo mismo, a entender que aquí estoy y aquí sigo, aunque lo que aquí se gana con mi ayuda, porque es con mi ayuda. lo repartan Malabares y la vieja. *(La intensidad de la luz baja donde están sentadas las mujeres que a partir de este momento permanecerán sentadas, en silencio y sin moverse. Sacrificio regresa a organizar el escritorio y la oficina de Jacoba que se mueve al proscenio con Malabares. Ellas se moverán libremente mientras conversan).*

JACOBA: ¿Cómo nos fue?

MALABARES: Fue una buena jornada la de hoy.

JACOBA: Creo que nos fue muy bien.

MALABARES: Si, con lo de hoy termino de pagarle la manigueta de la puerta del carro que le dañé.

JACOBA: No te olvidas de nada.

MALABARES: No y menos en este pueblo que no hay mucho por hacer. Aquí no hay biblioteca, hace años no nos visita un circo. El internet va y viene. El progreso que se adjudican los políticos ni se ve, ni se siente.

JACOBA: Debemos hablar algo serio. Estoy por retirarme y creo que puedes seguir con el negocio, has aprendido bastante. Sacrificio es una buena ayuda.

MALABARES: No estoy muy decidida.

JACOBA: Abuela se lo pasó a mamá, ella a mí y yo creo que tu debes seguir. Sacrifico lleva tiempo con nosotras, es leal y cuesta poco.

MALABARES: Lo voy a pensar muy bien.

JACOBA: ¿Qué otra cosa harías?

MALABARES: No lo sé.

JACOBA: Es una buena forma de ganarse la vida.

MALABARES: ¿Crees en todo esto?

JACOBA: No es que uno crea o no. Es una cuestión de motivación y ofrecer paz mental. Uno se va enamorando del oficio.

MALABARES: ¿Y los milagros?

JACOBA: Que los hay, los hay.

MALABARES: ¿Y las promesas que se hacen?

JACOBA: Aprenderás que es un juego.

MALABARES: ¿Un juego?

JACOBA: El juego de hacer sentir bien a los demás.

MALABARES: Dudo tener tu capacidad. Siempre despachas a la gente en forma alegre y se van felices.

JACOBA: Tengo ese don.

MALABARES: No dejas de sorprenderme.

JACOBA: Entiendo el factor humano. *(Didáctica)* La necesidad de estima, seguridad y pertenencia que tiene la gente. Debes aprenderlo. Yo no hago nada mas allá de lo necesario.

MALABARES: ¿Lo necesario?

JACOBA: Proveerle a la gente la cantidad de esperanza que necesita, ellos se encargan del resto.

MALABARES: Hay que tener un don que solo tu tienes.

JACOBA: Tienes la sensibilidad para seguir con esto.

MALABARES: ¿De verdad lo crees?

JACOBA.   Sí, claro. Los viejos han pasado estas ideas de generación en generación y creo que es tu turno.

MALABARES: Me lo has dicho muchas veces.

JACOBA: Recuerda que los problemas, básicamente son dinero, salud y amor.

MALABARES: Lo sé.

JACOBA: No olvides esto, la gente viene aquí como último recurso.

MALABARES: ¿Ultimo recurso?

JACOBA: Sí. *(Pausadamente)* Todas estas gentes que vienen aquí ya vieron sacerdotes, pastores, chamanes, siquiatras, consejeros, sicólogos, brujos, leyeron libros de auto ayuda, fumaron yerbas, tomaron jarabes y menjurjes y nada de eso les ha resuelto sus problemas.

MALABARES: Sí, siempre hablan de eso.

JACOBA: Vienen donde mí y yo solo puedo darles paz mental y la palabra de que sus vidas no han terminado.

Que el cambio es posible, que nada es imposible.

MALABARES: Entiendo.

JACOBA: Se hace un trabajo humano responsable. Motivación y entendimiento. Ellos hacen el resto. Ellos mismos salen de la depre, buscan nuevos horizontes, olvidan el suicidio, trazan metas y exploran una vida mejor.

MALABARES. Es una buena forma de ayudar.

JACOBA.   No lo olvides Malabares, para muchos, esta, *(Pausa)* esta es la última parada.

FIN

TALLER DE TEATRO EXPERIMENTAL
José Díaz
ALLENTOWN, PA., EUA
y
TEC CENTRO
Panorama CULTURAL
Providence Center
presentan:
LA ULTIMA PARADA
Dramaturgia y dirección: José Díaz
Con:
Amparo Cordero
Ana María Hamilton
Chiquinquirá Morales
Einis Dávila
Mildred Canelo
Ogilda Bueno
Sandra Vargas
Sonia Hernández
Taller de Teatro Experimental José Díaz
Viernes 22 y sábado 23 de agosto - 7PM - Teatro Touchstone, 321 E Calle 4, Bethlehem, PA
Sábado 6 de septiembre - 5PM - Providence Center, 2557 N 5th St, Philadelphia, PA
Sábado 13 de septiembre - 1 PM - Centro TEC, SW 57 Laurel St, Lancaster, PA
Sábado 13 de septiembre,- 6PM - Centro TEC, 450 S 6th St, Reading, PA
Más información llamando al 570.657.6812
La entrada es gratis y solo para mayores de 18 años

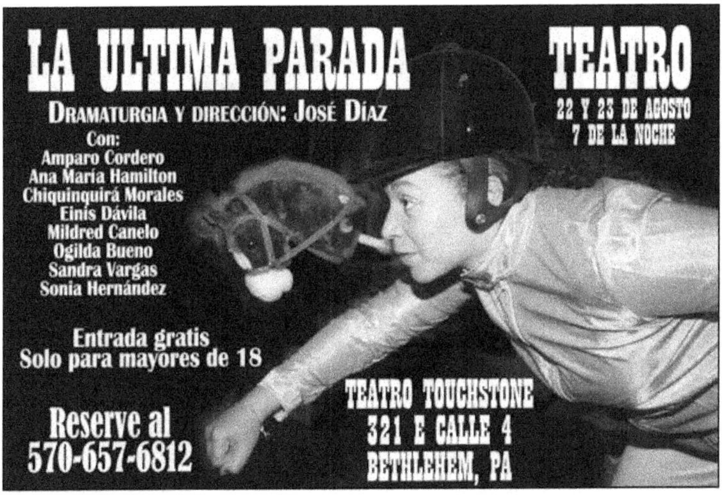

LA ULTIMA PARADA
DRAMATURGIA Y DIRECCIÓN: JOSÉ DÍAZ
Con:
Amparo Cordero
Ana María Hamilton
Chiquinquirá Morales
Einis Dávila
Mildred Canelo
Ogilda Bueno
Sandra Vargas
Sonia Hernández
BOLETERIA AGOTADA
PARA EL SABADO 23
Entrada gratis
Solo para mayores de 18
TEATRO TOUCHSTONE
321 E CALLE 4
BETHLEHEM, PA
TEATRO
22 Y 23 DE AGOSTO
7 DE LA NOCHE
Reserve al
570-657-6812

READING
6 PM
TEC CENTER,
450 S Calle 6
LANCASTER
1 DE LA TARDE
TEC CENTER, SW 57 Calle Laurel
SABADO
SEPTIEMBRE 13
SOLO MAYORES DE 18
ENTRADA GRATIS
RESERVE AL
570.657.6812
PURO TEATRO
LA ÚLTIMA PARADA

ESTE SABADO 13 DE SEPTIEMBRE

SOLO MAYORES DE 18

Reserva al 570.657.6812 es gratis

Lancaster - 1PM - Centro TEC, SW 57 calle Laurel
Reading - 6PM - Centro TEC, 450 S calle 6

PURO TEATRO

"La última parada"

Entrada gratis
Solo mayores de 18 años

Reserve llamando al
570.657.6812

Puro teatro

Después del éxito logrado en el Teatro Touchstone en Bethlehem, PA llega a
Filadelfia el sábado 6 de septiembre a las 5 PM en el Providence Center, 2557 N 5th St,
Lancaster el sábado 13 de septiembre a la 1 de la tarde en el TEC Center, SW 57 Laurel St,
Reading el sábado 13 de septiembre a las 6 de la tarde en el TEC Center, 450 S 6th St

Los ensayos

El 5 de marzo de 2025 le celebramos el cumpleaños a Einis Dávila. Todas las fotos son de José Díaz y/o de Danilza Velázquez.

Sandra Vargas, 27 de marzo de 2025.

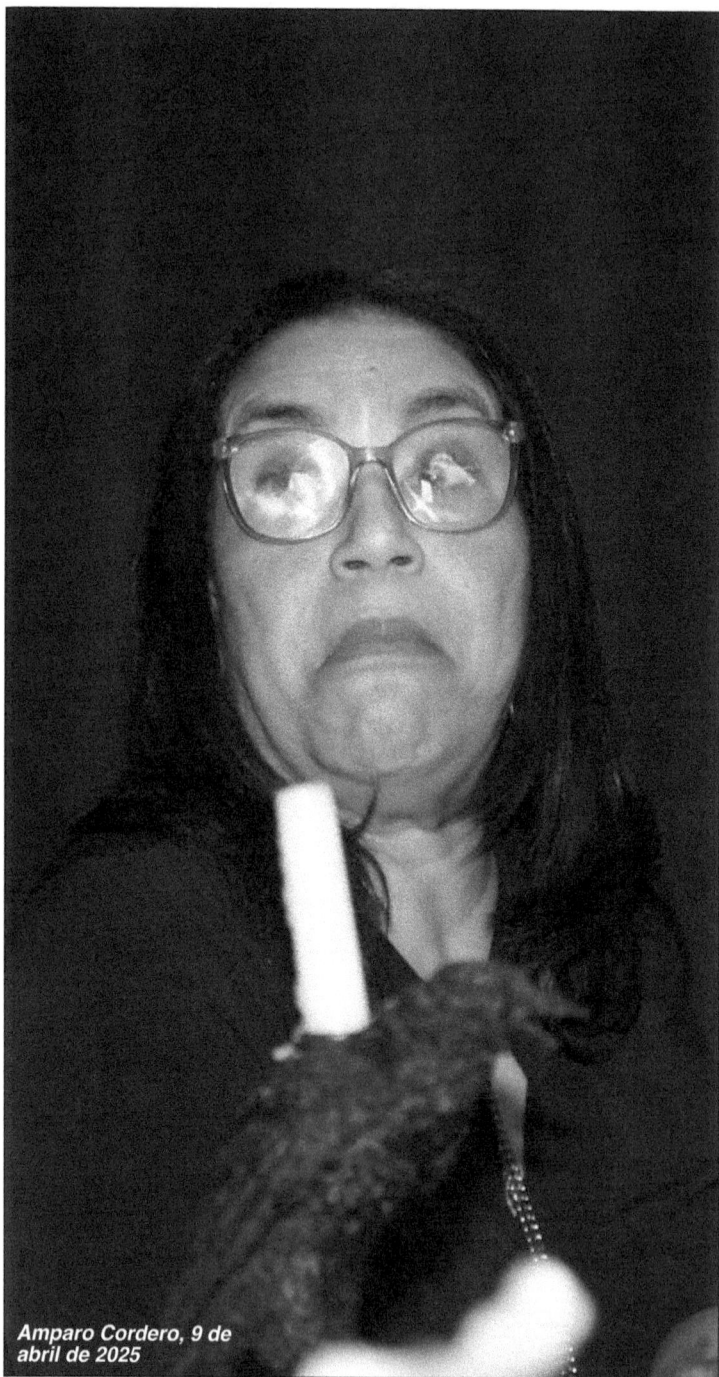

Amparo Cordero, 9 de abril de 2025

Einis Dávila, 9 de abril de 2025

De izquierda a derecha: Einis Dávila, Ogilda Bueno, Sonia Hernández, Ana María Hamilton, Mildred Canelo, Sandra Vargas, Chiqui Morales y Amparo Cordero. 9 de abril de 2025.

Ogilda Bueno, 14 de abril de 2025

Ogilda Bueno (Izquierda) y Chiqui Morales. 14 de abril de 2025.

El 7 de mayo le celebramos el cumpleaños a Chiqui Morales.

Sandra Vargas (izquierda) y Ana Milena Campo. 7 de mayo de 2025

Milly Canelo, 28 de mayo de 2025

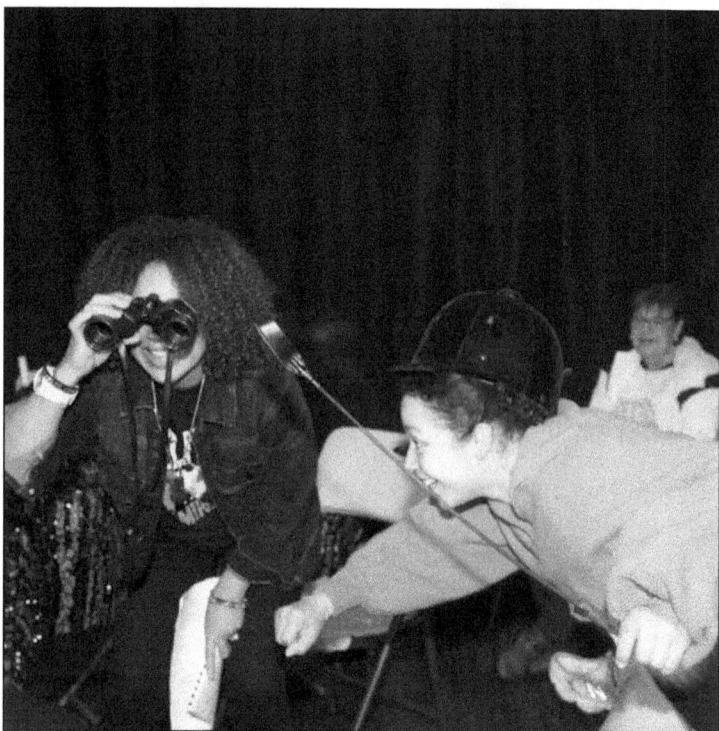

Al frente a la izquierda Milly Canelo, Einis Dávila al lado. Ana María Ha-milton al fondo. 28 de mayo de 2025.

Milly Canelo, 4 de junio de 2025

Cruz Rodríguez colaboró con la percusión en el montaje de esta pieza.

Ogilda Bueno, 16 de julio de 2025

Chiqui Morales, 16 de julio de 2025

El 19 de julio de 2025 nos fuimos de picnic. De izquierda a derecha: Einis Dávila, Chiqui Morales, Milly Canelo, Danilza Velázquez, Sonia Hernández, Ana María Hamilton y Ogilda Bueno.

Sonia Hernández (Izquierda) y Ana María Hamilton. 23 de julio de 2025

Einis Dávila, 23 de julio de 2025

Amparo Cordero, 23 de julio de 2025

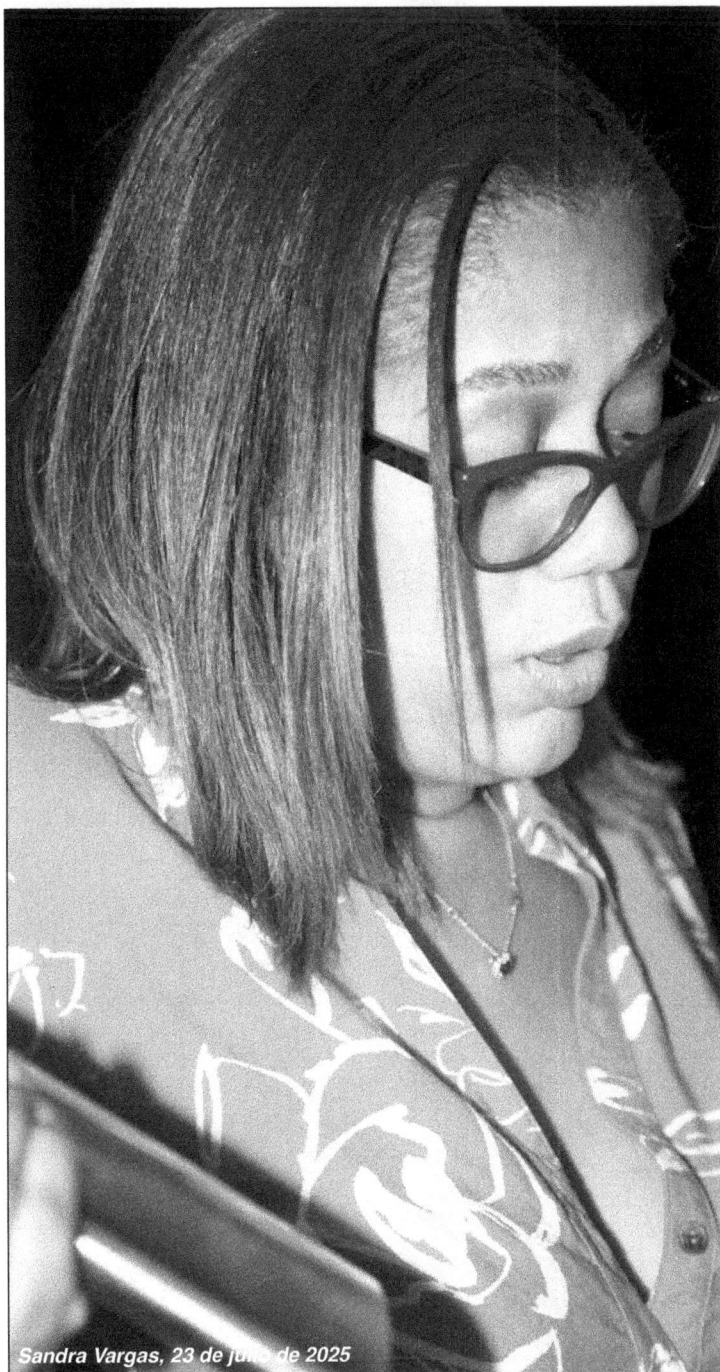

Sandra Vargas, 23 de julio de 2025

En primer plano Sonia Hernández, en el medio Chiqui Morales y Amparo Cordero atrás. 23 de julio de 2025

De izquierda a derecha: Milly Canelo, Sandra Vargas y Enis Dávila, 23 de julio de 2025

De izquierda a derecha: Mildred Canelo, Ana María Hamilton, Sonia Hernández y Einis Davila. 20 de agosto de 2025.

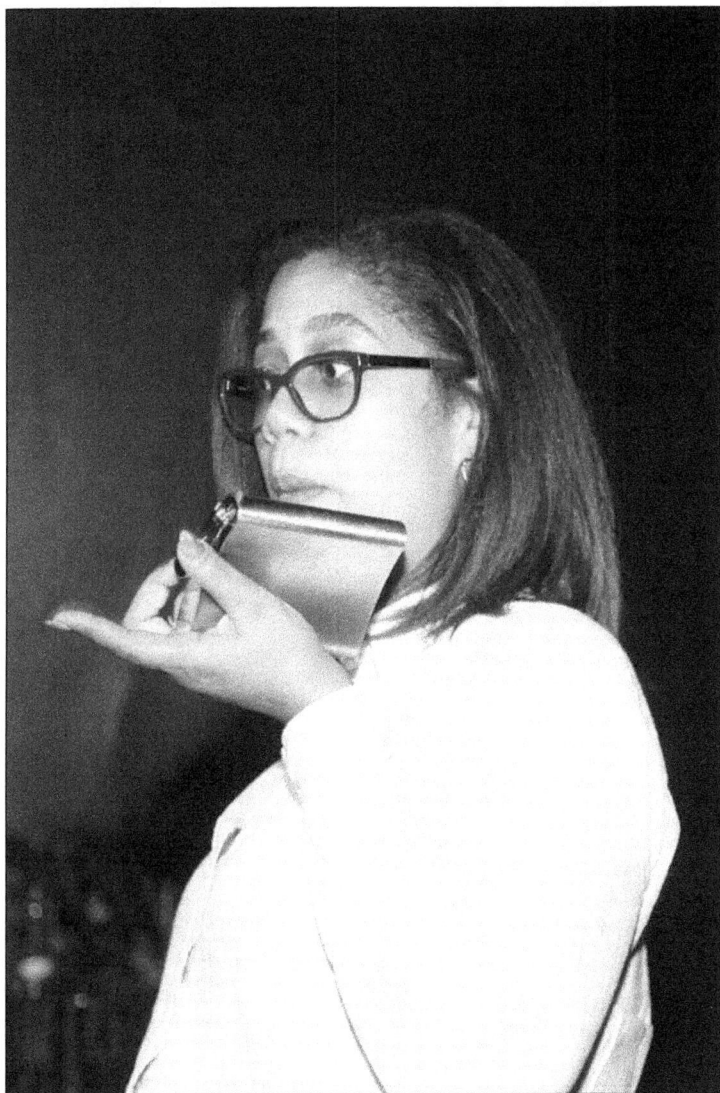

Sandra Vargas. 20 de agosto de 2025.

Amparo Cordero, 20 de agosto de 2025

Milly Canelo, 20 de agosto de 2025

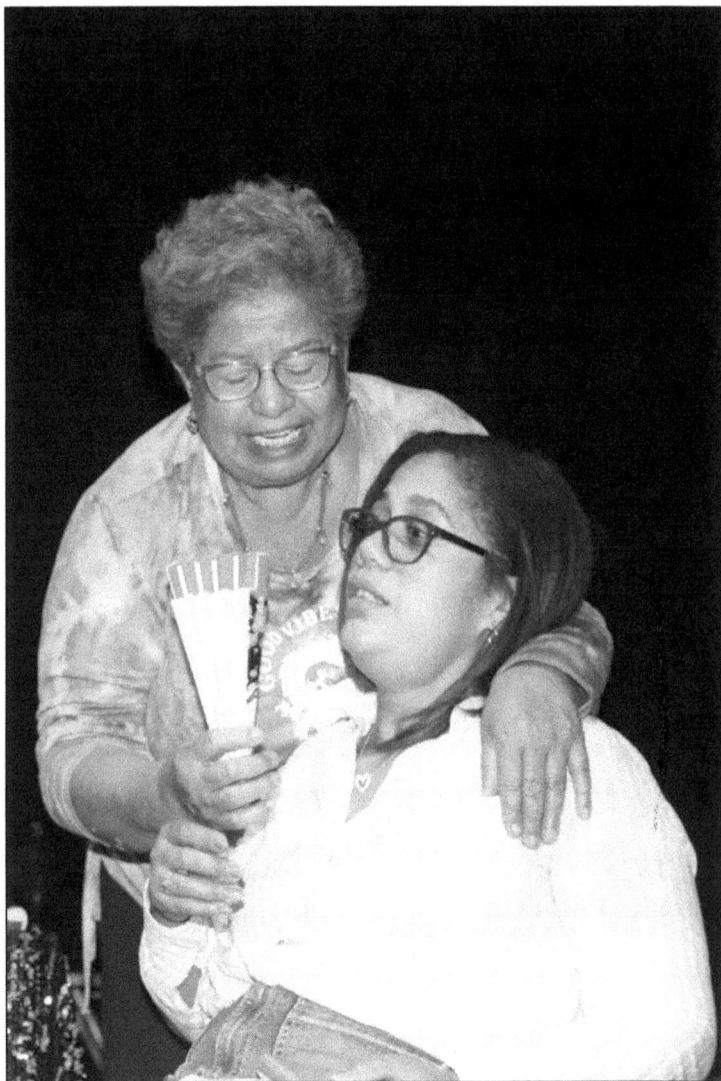

Chiqui Morales y Sandra Vargas (Sentada), 20 de agosto de 2025

Desde la izquierda: Einis Dávila, Milly Canelo y Sandra Vargas, 20 de agosto de 2025

Ogilda Bueno, 20 de agosto de 2025

Sonia Hernández (Izquierda) y Milly Canelo, 20 de agosoto de 2025

Ana María Hamilton, 21 de agosto de 2025

De izquierda a derecha: Sonia Hernández, Milly Canelo y Sandra Vargas, 21 de agosto de 2025

Chiqui Morales, 21 de agosto de 2025

Ogilda Bueno, 21 de agosto de 2025

De izquierda a derecha: Amparo Cordero, Chiqui Morales, Milly Canelo, Sandra Vargas y Einis Dávila, 21 de agosto de 2025

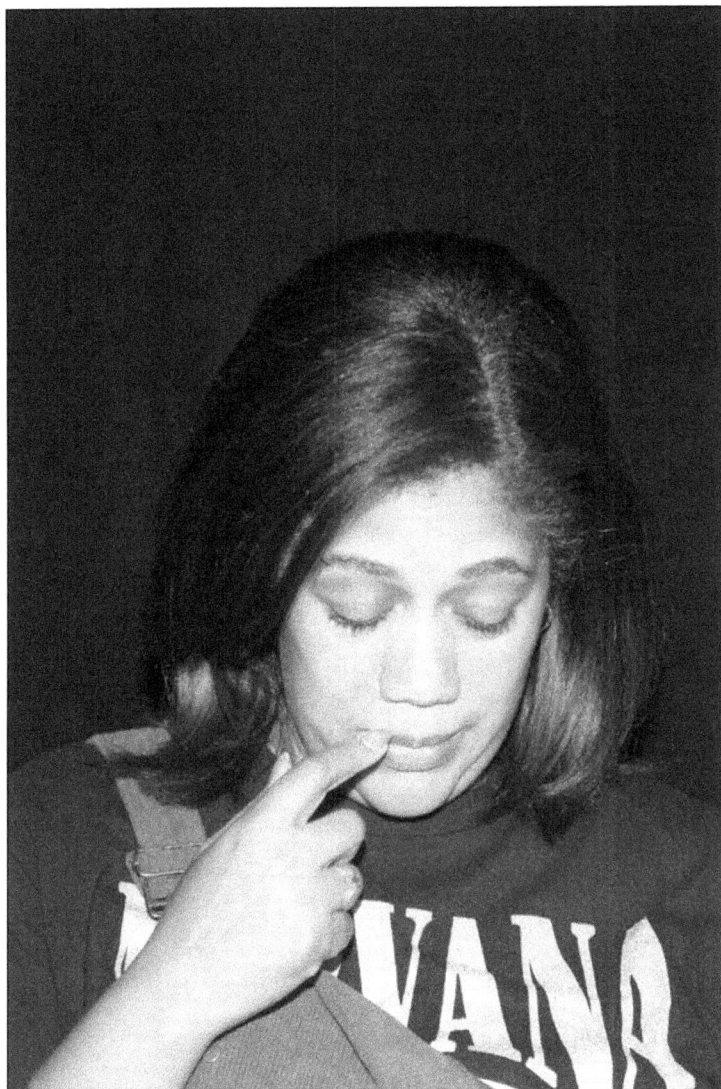

Sandra Vargas, 21 de agosto de 2025

Desde la izquierda: Chiqui Morales, Amparo Cordero y Sandra Vargas, 21 de agosto de 2025

Sonia Hernández, 21 de agosto de 2025

Ana María Hamilton, 21 de agosto de 2025

Sonia Hernández

**Teatro Touchstone
321 E de la calle 4
Bethlehem, PA EUA 18015
Estados Unidos**

22 y 23 de agosto de 2025

El estreno de "La última parada" se realizó el viernes 22 de agosto de 2025 a las 7 de la noche en el teatro Touchstone, ubicado en el 321 este de la calle 4 en Bethlehem, Pensilvania, Estados Unidos. El sábado 23 se ofreció una segunda presentación. Para ambas presentaciones así como para las realizadas en los Centro TEC en Lancaster y Reading, y en el Providence Center en Filadelfia, el elenco, por orden de aparición, fue el siguiente:

Sacrificio...........................Amparo Cordero
Malabares.............................Ogilda Bueno
Intelecto...........................Sonia Hernández
Otoño...........................Ana María Hamilton
Curda.................................Sandra Vargas
Cacalota............................Mildred Canelo
Maroma..................................Einis Dávila
Jacoba....................Chiquinquirá Morales

Dramaturgia y dirección..............José Díaz

Esta presentación se filmó y puede verse en el canal YouTube: José Días-Escritor

El elenco
Orden alfabético

Amparo Cordero - SACRIFICIO

Nacida en Nagua, República Dominicana. Graduada en educación y terapia familiar. Casada con tres hijos. Amante de la naturaleza y de la vida. Comprometida con proyectos educativos, culturales y comunitarios. Amparo se unió al "Taller de Teatro Experimental José Díaz" desde su inicio en 2022. Ha participado en las lecturas y montajes de "Entre lápidas y mausoleos" interpretando "La Bondad", en "8 x 8 encuentros" encarnando "La madre soltera" y la enfermera Clarisa en "El asilo". En "La última parada" su personaje es "Sacrificio" la sufrida y quejosa asistente de "Jacoba". En 2026 será "La vendedora" en "La cárcel Bellavista", pieza que el grupo estrenará el 26 de marzo en el teatro Touchstone. Amparo disfruta la caracterización de los personajes que encarna, los cuales prepara con disciplina y cariño lo que le gana la anuencia del público.

Amparo Cordero

Ana María Hamilton - OTOÑO

Nació en Holguín, Cuba. Estudió Bellas Artes, pintura y artes plásticas en Cuba, España y los Estados Unidos. Dedicada a la pintura. Sus obras han sido expuestas en Allentown, Filadelfia, Nueva York, Miami, Los Angeles, Barcelona y Cuba. Ama a su familia, amigos, el arte y la libertad. Ana María forma parte del "Taller Experimental de Teatro José Díaz" desde su comienzo en 2022. Ha participado en las lecturas y montajes de las piezas de José Díaz "Entre lápidas y mausoleos", interpretando "La Envidia", en "8 x 8 encuentros" encarnando "La Millonaria". En "El asilo" es "Rosalía" una de las pacientes, en "La última parada" caracteriza a "Otoño", una de las mujeres que busca ayuda en el consultorio de "Jacoba". Ana María Hamilton, ha encontrado en el teatro una forma de expresar sus sentimientos y su vena artística que comunica abiertamente con el público.

Ana María Hamilton

Chiquinquirá Morales - JACOBA

Nació en la isla de Mompox, (patrimonio histórico de la humanidad) a orillas del río Magdalena, en el Departamento de Bolívar, Colombia. Estudió fisioterapia en la Universidad Metropolitana de Barranquilla, Colombia. Es amante de la naturaleza, el buen humor y el teatro, por el que siente una profunda pasión y devoción. Chiqui ha participado en cuatro obras de teatro producidas por el "Taller Experimental de Teatro José Díaz". En "Entre lápidas y mausoleos" fue la "Vanidad", "La Carterista" en "8 x 8 encuentros", "Josefa" en "El asilo", y "Jacoba" en "La última parada". Chiqui, dice haber logrado el sueño de ser actriz lo que la llena de alegría y felicidad, sentimientos que transmite claramente a los asistentes que celebran su trabajo lleno de carácter, buen humor y alegría.

Chiquinquirá Morales

Einis Dávila - MAROMA

Nació en Mompox, tierra de Dios. Pueblo mágico colombiano a orillas del río Magdalena que se quedó detenido en el tiempo. Estudió Enseñanza de la Lengua Inglesa en la Universidad Tecnológica de la trasnochadora, querendona y morena ciudad de Pereira. Se fue al sur, al país del tango, a estudiar una maestría en Traductología en la Universidad Nacional de Córdoba y finalmente siguió su corazón a EUA, donde es maestra de español y donde hace parte del "Taller de Teatro Experimental José Díaz". Einis es "La Payasa" en la pieza "8 x 8, encuentros", "La lujuria" en uno de los montajes de "Entre lápidas y mausoleos". En "El asilo" encarna a Mariana, la hija ocupada y millonaria que tiene un cara a cara con su madre donde muestra la verdad de sus sentimientos. En "La última parada" Einis, interpreta a "Maroma" una jugadora compulsiva. En marzo de 2025, en Moravian University en Bethlehem, PA., Einis, obtuvo una maestría en Artes con concentración en educación. Einis, tiene la habilidad de moverse entre los diferentes personajes que interpreta con una inmejorable facilidad que muestra su excelente capacidad actoral que trasciende en la memoria de quienes la ven actuar.

Einis Dávila

Mildred Canelo - CACALOTA

Nació en Santo Domingo, República Dominicana. Graduada en Contabilidad (UASD). Mildred se define como carismática y cooperadora. Casada y madre de dos niños. Viajar, el campo, la naturaleza y su familia son sus pasiones. Mildred "Milly" ha participado en todas las obras que ha montado el "Taller de Teatro Experimental José Díaz". En 2022 participó en "Entre lápidas y mausoleos", interpretando "La Ira", en 2023 en "8 x 8 encuentros" encarnando "La Loca", en 2024 en "El asilo" fue "Milady", la administradora del centro para envejecientes. En 2025, en "La última parada", Mildred encarnó a "Cacalota", una mujer obsesiva. En 2026 estará como una enfermera en "La cárcel Bellavista" y participará además en la obra de teatro "Cinco" que se estrenará en el otoño. Milly, es disciplinada en la preparación de sus personajes. Disfruta el teatro y se puede asegurar que es una de sus pasiones tanto así que cada rol que desempeña es un reto que vence con creces gracias a su entrega ingeniosa por los mismos. Milly está atenta a todas las facetas de un montaje, ella va mucho más allá de su propio trabajo.

Mildred Canelo

Ogilda Bueno - MALABARES

Nació en San José de las Matas, en la República Dominicana. Ha estado vinculada desde muy joven al teatro y a la danza. Casada, con tres hijos y cinco nietos, el más reciente nacido en 2024, los cuales llenan su vida de amor y alegría. Su pasión por el arte la motivó a unirse al "Taller de Teatro Experimental José Díaz", realizó su debut encarnando a "Elvira", una de las enfermeras en "El asilo", un trabajo que por su excelencia dejó huella en los espectadores. Ogilda ha participado también en "Entre lápidas y mausoleos" como "La envidia" y en "La última parada" donde personificó a "Malabares". En 2026 interpretará a un guardia en "La cárcel Bellavista" y estará también en el montaje de "Cinco", una pieza que el grupo estrenará en el otoño. Ogilda es seria en su trabajo actoral, disciplinada en la preparación de sus personajes, hábil para moverse de uno a otro sin mucha dificultad. No es exagerado afirmar que es una actriz rigurosa en su oficio.

Ogilda Bueno

Sandra Vargas - CURDA

Nació el 7 de mayo de 1983 en Santo Domingo, República Dominicana. Estudió Administración de Empresas en la Universidad APEC en su tierra natal. En 2009 se mudó con sus dos hijos a los Estados Unidos. Actualmente, se encarga del área administrativa de Latina FM, una de las emisoras hispanohablantes más importantes del noroeste de Pensilvania, en la que además es co anfitriona de un programa radial que se transmite por las tardes en dicha estación de radio. Sandra se unió al grupo en 2023 y ha participado en los montajes y lecturas de "8 x 8 encuentros" donde interpretó a "La inmigrante", en "Entre lápidas y mausoleos" personificó a "La gula", en "La última parada" fue "Curda" una alcohólica. En 2026 será una guardia en "La cárcel Bellavista", una pieza que el grupo estrenara el 27 de marzo en el teatro Touchstone. Sandra se mueve bien entre sus personajes pero hay papeles de papeles, su interpretación de "Curda" en "La última parada", dejó una impresión indeleble entre quienes la vieron convertirse en una borracha que entiende la vida mejor que mucha gente que mira de reojo a los alcohólicos.

Sandra Vargas

Sonia Hernández - INTELECTO

Ingeniera Industrial de la Universidad Central de Colombia, su tierra natal. Terminó una maestría en innovación y ahora cursa otra maestría en negocios (MBA) en la Universidad West Cliff. Le encantan los animales y aprender de todo. Accidentalmente encontró el teatro, en una ocasión visitó a Chiquinquirá Morales, miembro de nuestro grupo, quien la invitó. "Fui y me encantó el grupo, la energía. Me sentí bien recibida y aquí estoy. Debuté como "Intelecto" en "La última parada", espero seguir por mucho tiempo", afirma. En 2026 interpretará a "Malatranca" una de las confinadas de "La cárcel Bellavista" pieza de teatro escrita por José Díaz, que el grupo estrenará el 27 de marzo en el teatro Touchstone ubicado en el 321 este de la calle 4 en Bethlehem, PA., EUA. Sonia ha conectado con el teatro, como si lo hubiera hecho desde hace mucho tiempo, es natural, alegre y atrevida, trabaja sus personajes sin miedo y va hasta el límite.

Sonia Hernández

José Díaz conversa con Einis Dávila, justo antes de subir l escenario la noche del estreno en el teatro Touchstone el 22 de agosto de 2025. Ana María Hamilton observa a la derecha. Atrás está Amparo Cordero.

El grupo la noche del estreno poco antes de iniciar la presentación. De izquierda a derecha: Amparo Cordero, Ogilda Bueno, Chiquinquirá Morales, Sandra Vargas, Einis Dávila, Sandra Hernández, José Díaz, Ana María Hamilton y Mildred Canelo.

Sandra Vargas preparándose antes del estreno el 22 de agosto de 2025.

Chiqui Morales, la noche del estreno de la obra.

Sandra Vargas (Izquierda) y Sonia Hernández, esperando la llamada para subir a escena. 22 de agosto de 2025. Teatro Touchstone, Bethlehem, PA, EUA.

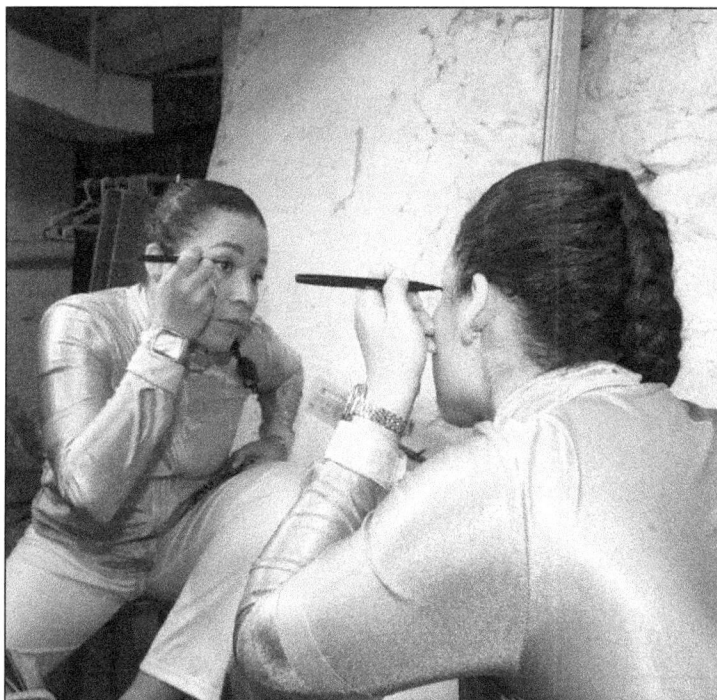

Einis Dávila, dándose los últimos toques de maquillaje la noche del estreno de "La última parada" el 22 de agosto de 2025 en el teatro Touchstone.

Desde la izquierda: Chiquinquirá Morales (JACOBA), Amparo Cordero (SA-CRIFICIO) y Mildred Canelo (CACALOTA).

De izquierda a derecha: Sonia Hernández (INTELECTO), Mildred Canelo (CACALOTA) y Sandra Vargas (CURDA).

Mildred Canelo con los binoculares y Einis Dávila.

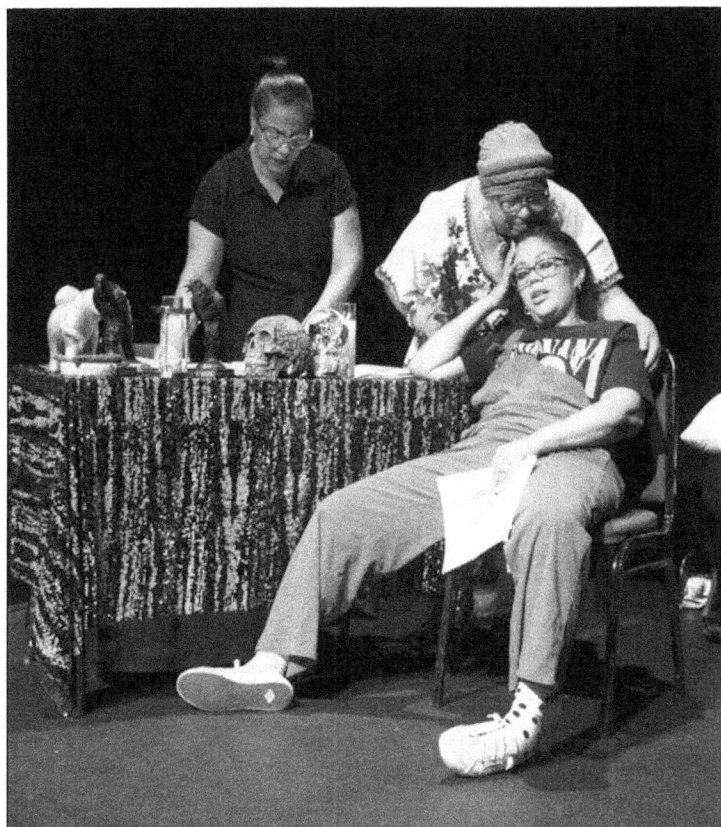

De izquierda a derecha: Amparo Cordero (SACRIFICIO), Chiqui Morales (JACOBA) y Sandra Vargas (CURDA).

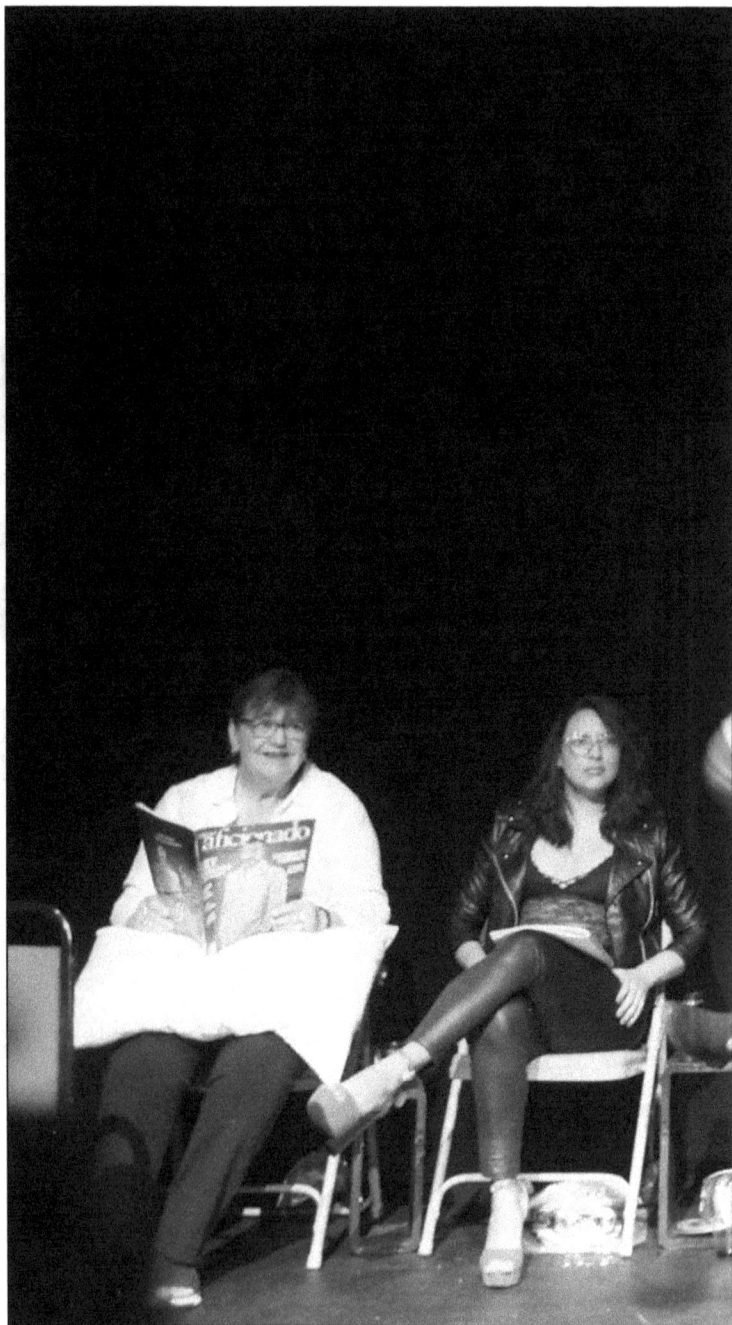

Ana María Hamilton (OTOÑO) a la izquierda y Sonia Hernández (INTE-LECTO)

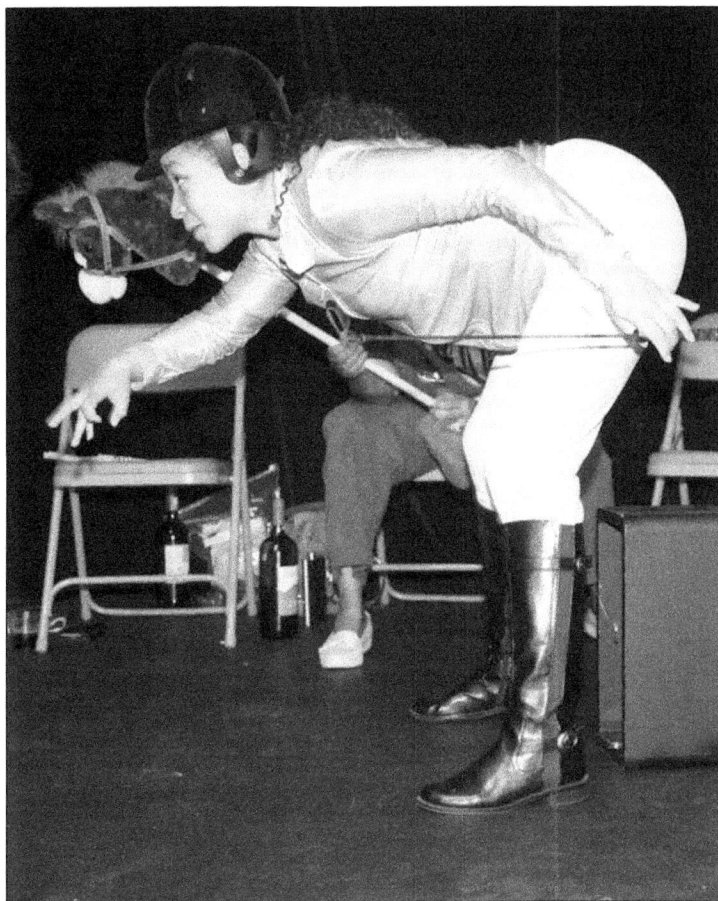

Einis Dávila (MAROMA)

De izquierda a derecha: Chiqui Morales (JACOBA), Amparo Cordero (SA-
CRIFICIO) y Sonia Hernández (INTELECTO).

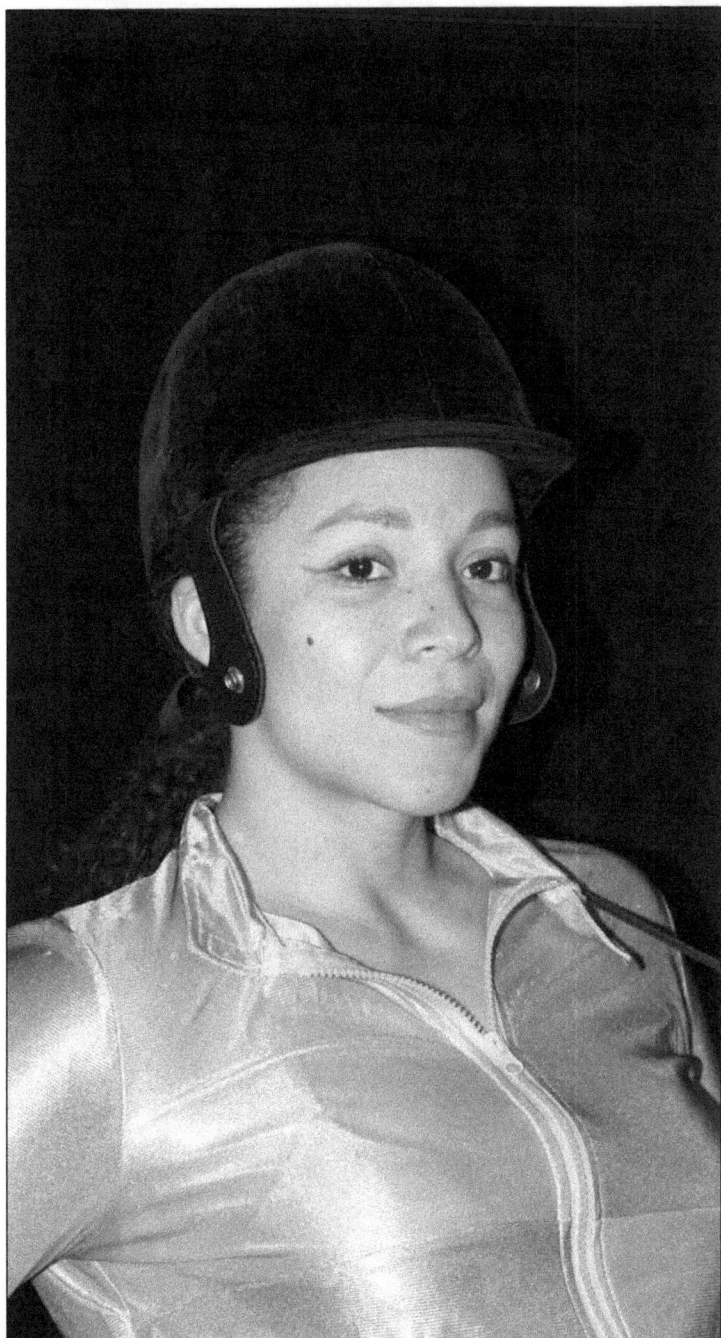

Einis Dávila (MAROMA)

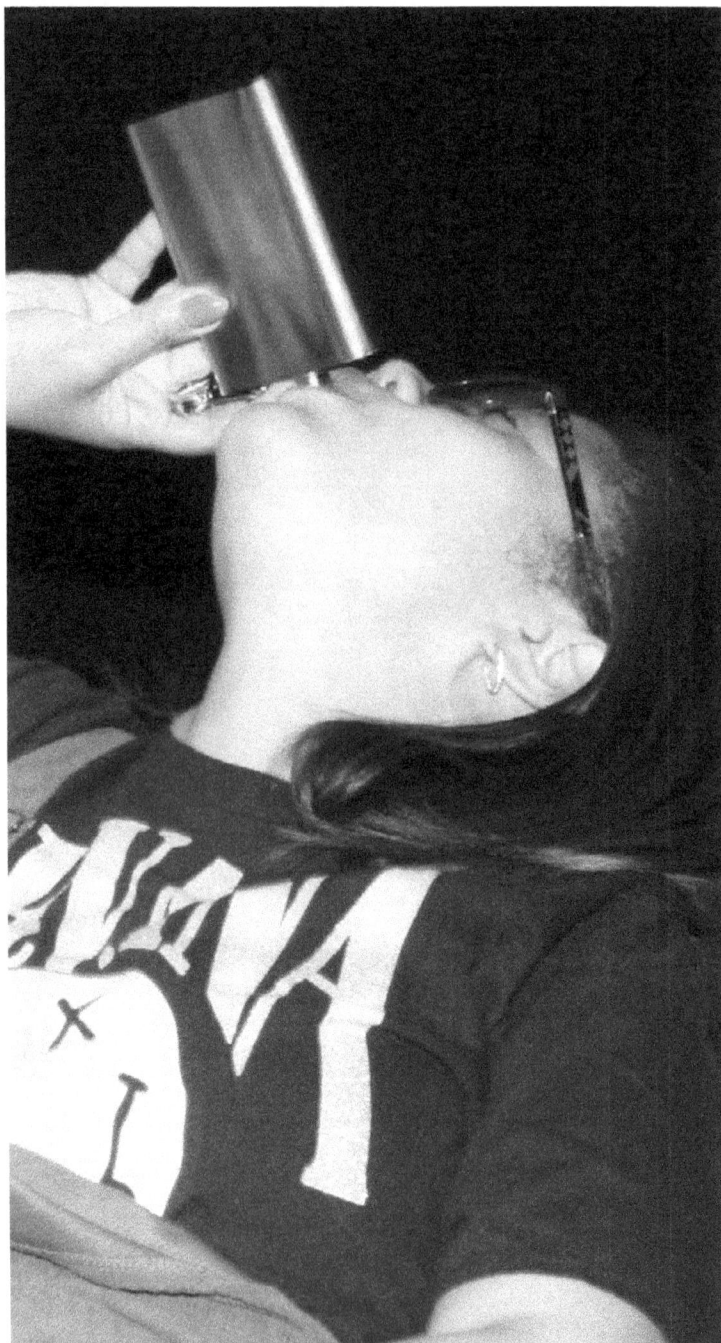

Sandra Vargas (CURDA)

De izquierda a derecha: Sonia Hernández (INTELECTO), Mildred Canelo (CACALOTA), Sandra Vargas (CURDA) y Einis Dávila (MAROMA).

De izquierda a derecha: Einis Dávila (MAROMA), Mildred Canelo (CACA-LOTA) y Sandra Vargas (CURDA)

Ogilda Bueno (MALABARES)

Ogilda Bueno (MALABARES) a la izquierda y Chiqui Morales (JACOBA)

Einis Dávila se abraza con José Pérez al terminar la obra.

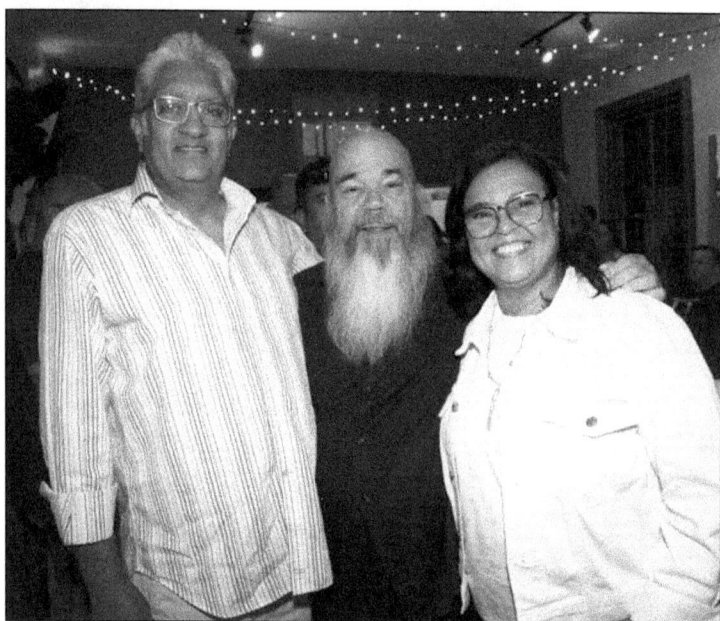

De izquierda a derecha: Jose de Castro, José Díaz y Virginia Restituyo.

Mónica Pareja y José Díaz.

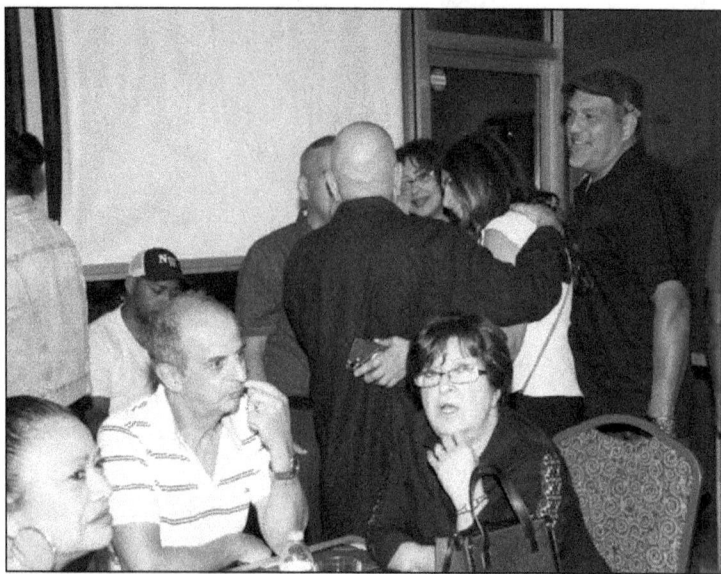

Un grupo de amigos disfrutando después de la obra en la cafetería del teatro Touchtone.

De izquierda a derecha: Ogilda Bueno, Rigoberto Peralta, Ana María Hamilton,

De izquierda a derecha: Grace Nava, Omar Carrasquilla, José Díaz, Juan Sebastián López y Ana María Ríos.

José Díaz a la izquierda, compartiendo con Pablo Gil.

Frances Colón (Izquierda) compartiendo con Chiqui Morales.

Parte del público que asistió a la primera lectura el 22 de agosto de 2025 en el teatro Tocuhstone en Bethlehem, PA. De izquierda a derecha: Carmen Ortiz, Iris Colón, Frances Colón, Cruz Rodríguez y José Colón.

De izquierda a derecha: Ogilda Bueno, Ojarys Rodriguez, José Díaz, Mildred Canelo, Ana María Hamilton y Sandra Vargas.

Nicaury Almanzar y José Díaz.

Tony Tiburcio (Izquierda, comparte con Yesid Gómez.

**Providence Center
6 de septiembre de 2025
2557 N 5th St
Filadelfia, PA 19133**

José Díaz, izquierda y Cruz Rodríguez, listos para comenzar. "Y que suenen los tambores" dijo "Malabares".

El público llegó al Providence Center en Filadelfia el sábado 6 de septiembre.

Amparo Cordero (SACRIFICIO)

Einis Dávila (MAROMA)

Sonia Hernández (INTELECTO)

Chiqui Morales (JACOBA) a la izquierda y Amparo Cordero (SACRIFICIO)

El elenco de izquierda a derecha: Sandra Hernández (INTELECTO), Ana Mar´â Hamilton (OTOÑO), Mildred Canelo (CACALOTA), Chiqui Morales (JACOBA), Amparo Cordero (SACRIFICIO), Ogilda Bueno (MALABARES), Sandra Vargas (CURDA) y Einis Dávila (MAROMA). Sábado 6 de septiembre en el Providence Center en Filadelfia, PA, EUA.

El lente de Danilza Velázquez captó otra imagen del público.

El escritor Rosendo Ramos, analizando la pieza de teatro.

Parte del público asistente.

El elenco y parte del público.

Centro TEC
13 de septiembre de 2025 - 1PM
57 Laurel St
Lancaster, PA 17602

La fachada del Centro TEC ubicado en el número 57 de la calle Laurel en Lancaster, PA.

Amparo Cordero (SACRIFICIO).

Sonia Hernández (INTELECTO)

Sandra Vargas (CURDA)

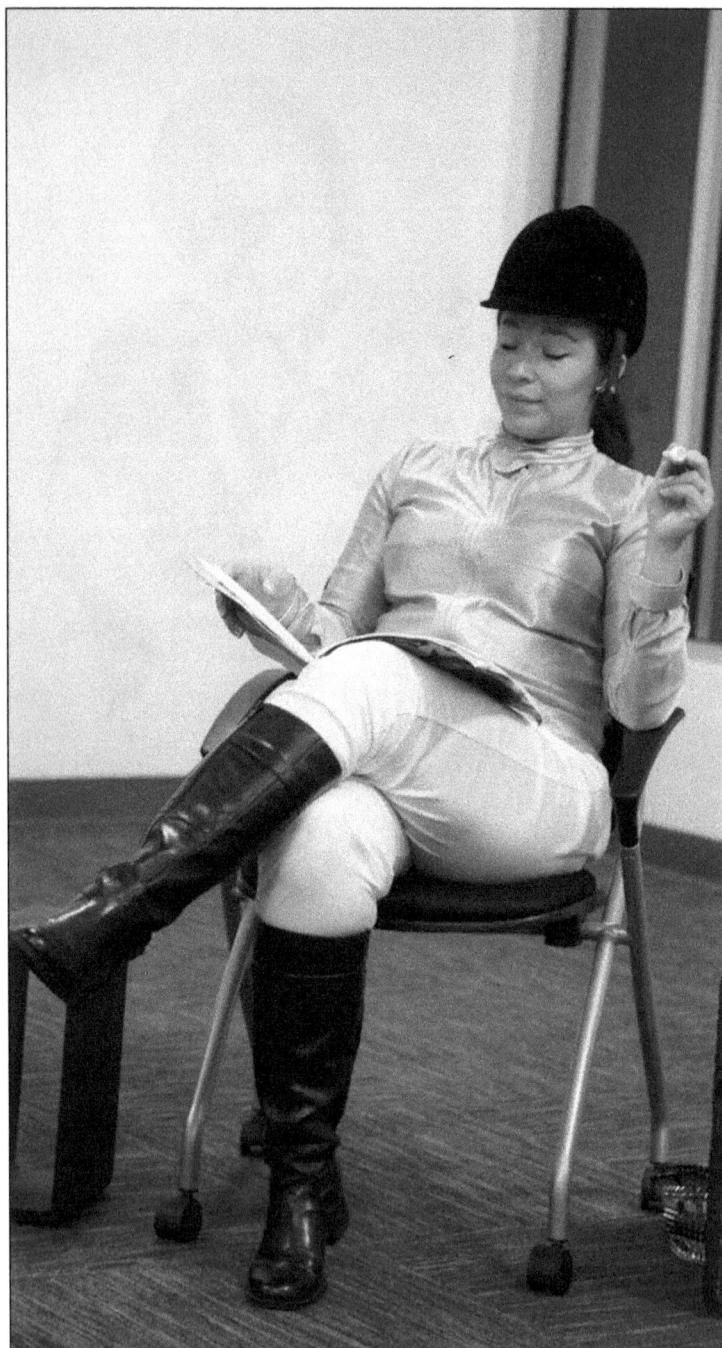

Einis Dávila (MAROMA)

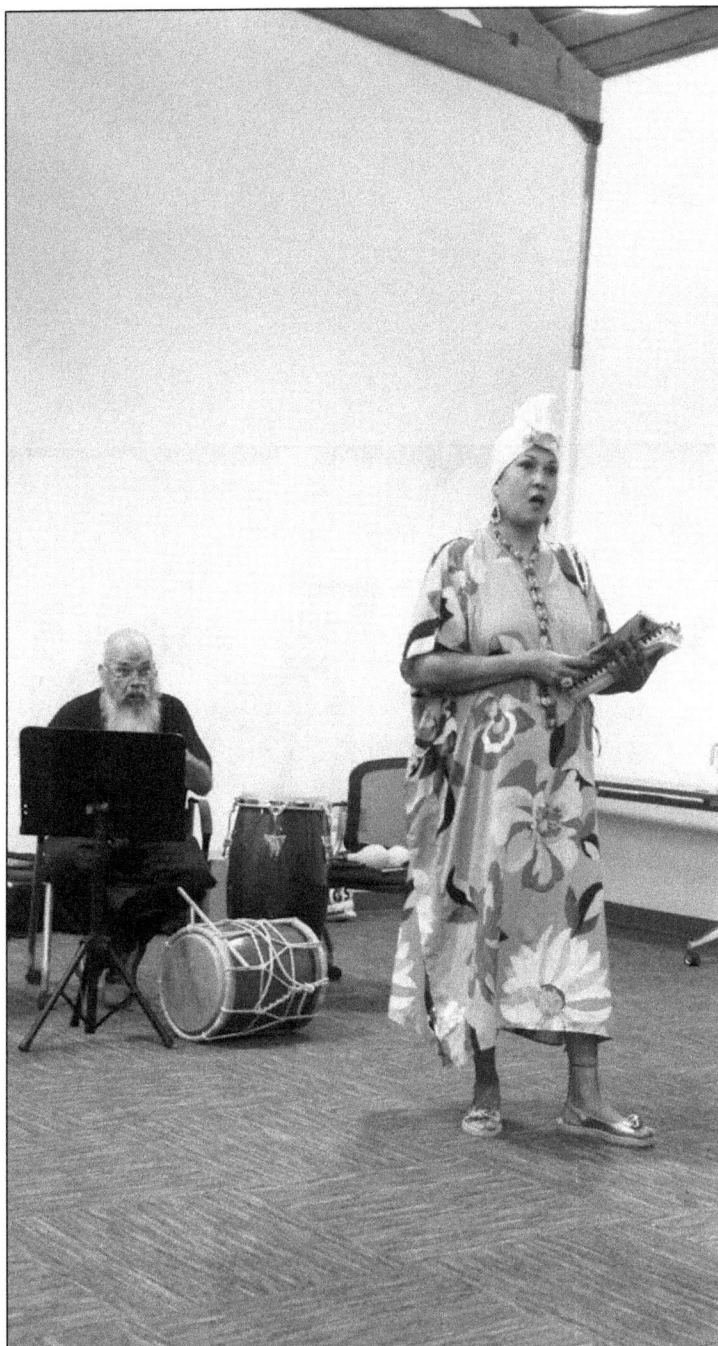

José Díaz, en la percusión y Ogilda Bueno (MALABARES)

El elenco y parte del público asistente al TEC Lancaster el 13 de septiembre a la 1 de la tarde.

**Centro TEC
13 de septiembre de 2024 - 7PM
450 S 6th St
Reading, PA 19602**

La fachada del Centro TEC ubicado en el número 450 de la calle 6 en Reading PA.

De izquierda a derecha: Sonia Hernández, Chiqui Morales, Danilza Velázquez y Mildred Canelo.

De izquierda a derecha: Sonia Hernández, José Días y Milly Canelo.

Ogilda Bueno, a la izquierda, con Danilza Velázquez.

Desde la izquierda: Sonia Hernández, Chiqui Morales, Danilza Velázquez y Milly Canelo.

Danilza Velázquez

De izquierda a derecha: Ogilda Bueno, Sonia Hernández, Sandra Vargas, Chiqui Morales, José Díaz, Milly Canelo, Amparo Cordero y Fermina Mosquera en el Centro TEC en Reading el sábado 13 de septiembre de 2025.

Ana María Hamilton.

*El elenco y parte del público asistente al Centro TEC en Reading, el sá-
bado 13 de septiembre de 2025.*

José Díaz

José Díaz, nació en Cali, Colombia (1953), terminó su carrera en Gerencia y Mercadeo y un MBA en Gerencia en la Universidad Mundial en Puerto Rico. En el Lehigh County Community College en Pensilvania, obtuvo un grado asociado en contabilidad. En la Universidad de Nueva York se graduó en negocios internacionales.

En 1977 se casó con Danilza Velázquez.

Fundó en 2002 y es desde entonces el editor del periódico "Panorama Latin News", que circula los miércoles, cada quince días, en Filadelfia y ciudades vecinas en los Estados Unidos.

Obtuvo el Premio de Oro a la mejor fotografía internacional otorgado por la Asociación de Periódicos Hispanos de los Estados Unidos en Las Vegas, Nevada, en octubre de 2011.

En 2012 José Díaz publicó: "Yo candidato: Propongo, prometo, me comprometo". Un libro con entrevistas a 9 presidenciables dominicanos y "El Libro de Epitafios" (ficción). En 2013 publicó: "Pupi" Legarreta, La salsa lleva su nombre". Una biografía autorizada de Félix "Pupi" Legarreta. En 2020 la pieza de teatro "Entre lápidas y mausoleos". En 2021 una biografía autorizada del músico dominicano Cuco Valoy y el libro "RETRATOS/PORTRAITS" en el cual presenta una selección de fotos tomadas durante 40 años del ejercicio periodístico y entusiasta de la fotografía. Inició 2022 fundando el "Taller de Teatro Experimental José Díaz" en Allentown y con una edición revisada de la pieza de teatro "Entre lápidas y mausoleos" se realizó la primera lectura del grupo el día 14 de mayo de 2022 en el 1425 oeste de la calle Linden en Allentown en el Estado de Pensilvania en los Estados Unidos. En 2023 publicó la pieza de teatro "8 x 8 encuentros" cuya primera lectura dramatizada se llevó a cabo el 2 de septiembre en el teatro Touchstone ubicado en el 321 este de la calle 4 en Bethlehem, Estado de Pensilvania en los Estados Unidos. Publicó también la colección de cuentos "Muerte a ritmo de bolero y otros cuentos". El 9 de agosto de 2024, en el teatro Touchstone, se realizó la premier de la obra de teatro "El asilo" escrita por José. El 22 de agosto de 2025, en el mismo teatro, se presentó el estreno de "La última parada" pieza teatral escrita y dirigida por José cuyo libro publicó en diciembre de 2025. El 7 de noviembre de 2025 se realizó un "Encuentro en el teatro" en el teatro Touchstone en donde los miembros del "Taller Experimental de Teatro José Díaz" hablaron con el público sobre el trabajo que realizan, el principio, la actualidad y los planes vigentes, una recopilación de ese encuentro fue publicada por José en diciembre de 2025 bajo el fítulo "Encuentro en el teatro".

En 2014 y por varios años, estudió cerámica con el maestro Renzo Faggioli en la Baum School of Art en Allentown, Pensilvania, escuela a la que todavía asiste. José además de la cerámica trabaja esculturas en madera y acero.

Su cuento "Carlitos no nos falla", un relato en lunfardo, forma parte del libro "Mano a Mano con Gardel" publicado en 2015 por la Asociación Gardelianos Sbadell Tacuarembó.

El microrrelato "El riachuelo y el citadino" fue incluido en 2015 en el libro de microrrelatos "Fuego, aire, agua, tierra" publicado por "Letras con arte" en España.

Ha escrito y dirigido varios cortometrajes que pueden

verse en la plataforma Mowies y en YouTube en la página: "José Díaz. Escritor". En 2017: CORTOMETRAJE ¿CÓMO HA SIDO TU DÍA?, en 2018: CORTOME-TRAJE SELFI.

Ha publicado además artículos en varias revistas especializadas tales como Orbe de México.

En agosto de 2022, la biografía autorizada de Cuco Valoy recibió la medalla de bronce del International Latino Book Awards celebrada en Los Ángeles, California, Estados Unidos.

El 9 de marzo de 2024 la revista "Mujer, Lehigh Valley" le otorgó el premio "Estrella visionaria" en una ceremonia celebrada en Bethlehem, Pensilvania, Estados Unidos.

El 14 de abril de 2024 su cortometraje "Selfi" fue seleccionado como el mejor en español en el Allentown Film Festival, en Allentown, PA, EUA.

El 20 de julio de 2025 recibió en Allentown, PA, EUA, un reconocimiento por ser "Orgullo colombiano y por su legado de servicio".

José Díaz

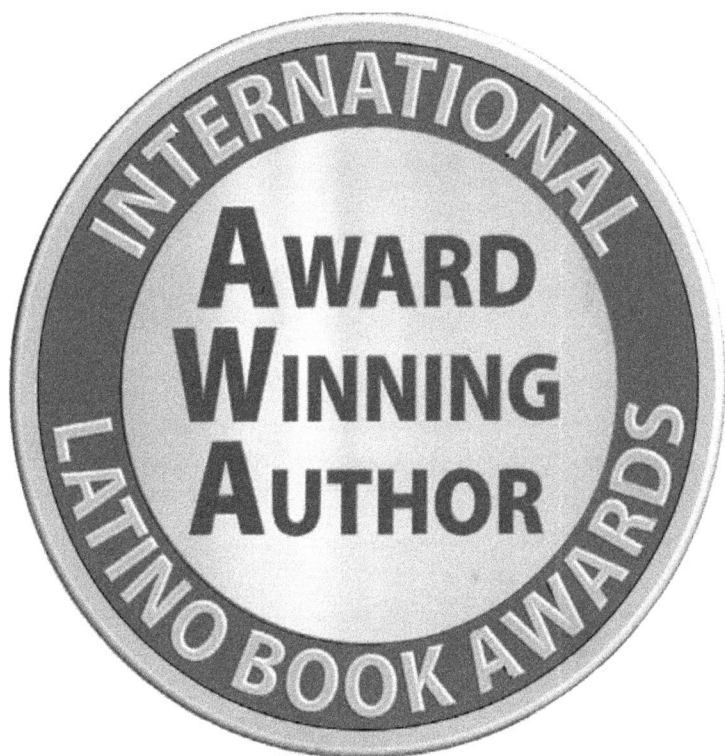

José Díaz es un autor galardonado por los Premios Internacionales del Libro Latino en los Estados Unidos.